全国职业教育"十三五"规划教材

城市轨道交通接触网

主编　王建府　陶　健　申宝站

主审　邢香坤

北京交通大学出版社

·北京·

内 容 简 介

本书根据职业院校城市轨道交通牵引供电系统教学大纲的要求而编写,主要介绍了城市轨道交通系统的供电方式,接触网悬挂类型和结构特点,接触网施工方法、技术要求和施工安全等基本知识。本书的编写紧贴岗位实际,内容全面、深入浅出、通俗易懂、图文并茂。

本书可作为城市轨道交通供电专业的教学用书,也可供相关人员学习参考。

图书在版编目(CIP)数据

城市轨道交通接触网 / 王建府,陶健,申宝站主编. —北京:北京交通大学出版社,2017.10(2022.1重印)
ISBN 978-7-5121-3313-6

Ⅰ.① 城… Ⅱ.① 王… ② 陶… ③ 申… Ⅲ.① 城市铁路–接触网–中等专业学校–教材 Ⅳ.① U239.5

中国版本图书馆 CIP 数据核字(2017)第 193708 号

城市轨道交通接触网
CHENGSHI GUIDAO JIAOTONG JIECHUWANG

策划编辑:陈跃琴 刘建明
责任编辑:解 坤
出版发行:北京交通大学出版社 电话:010-51686414 http://www.bjtup.com.cn
地 址:北京市海淀区高梁桥斜街 44 号 邮编:100044
印 刷 者:北京鑫海金澳胶印有限公司
经 销:全国新华书店
开 本:185 mm×260 mm 印张:14 字数:378 千字 插页:3
版 次:2017 年 10 月第 1 版 2022 年 1 月第 3 次印刷
书 号:ISBN 978-7-5121-3313-6/U·279
印 数:3 001～5 000 册 定价:38.00 元

本书如有质量问题,请向北京交通大学出版社质监组反映。对您的意见和批评,我们表示欢迎和感谢。
投诉电话:010-51686043,51686008;传真:010-62225406;E-mail:press@bjtu.edu.cn。

前　言

随着我国国民经济的快速发展，城市轨道交通发展十分迅速，在城市建设中发挥了重要作用。为满足城市轨道交通现代化建设的用人需求，培养建设一线的施工和维修管理技术人才，我们编写了本教材。

本书根据职业院校城市轨道交通牵引供电系统教学大纲的要求而编写，主要介绍了城市轨道交通系统的供电方式，接触网悬挂类型和结构特点，接触网施工方法、技术要求和施工安全等基本知识。在编写过程中，我们力求做到资料新、内容全、深入浅出、图文并茂、通俗易懂。本书可作为城市轨道交通供电专业的教学用书，也可供相关人员学习参考。

本书由王建府、陶健、申宝站主编，邢香坤主审。第1章和第2章由陶健执笔；第3章由申宝站、杨嵘执笔；第4章和第5章由王建府执笔；第6章由申宝站执笔；全书由陶健统稿。

本书在编写过程中得到了中铁电气化局集团公司一公司、城轨公司的领导和技术人员的鼎力协助，得到了广州地铁运营事业总部和深圳市地铁集团有限公司运营总部的大力支持，在此一并表示感谢。

由于时间仓促，编者水平有限，书中难免存在疏漏和不足之处，恳请读者批评指正。

编者

2017 年 6 月

目　　录

第1章　城市轨道交通概述 ……………………………………………… (1)

1.1　城市轨道交通的发展概况 ………………………………………… (1)

1.2　牵引供电系统 ……………………………………………………… (2)

1.3　城市轨道交通接触网的类型 ……………………………………… (3)

本章小结 ………………………………………………………………… (4)

思考题 …………………………………………………………………… (4)

第2章　柔性悬挂接触网 ………………………………………………… (5)

2.1　柔性悬挂接触网的组成 …………………………………………… (5)

2.2　识读图纸 …………………………………………………………… (41)

2.3　施工测量 …………………………………………………………… (45)

2.4　安装支柱与门形支架 ……………………………………………… (46)

2.5　架设承力索与接触线 ……………………………………………… (49)

2.6　安装吊弦 …………………………………………………………… (53)

2.7　安装中心锚结 ……………………………………………………… (56)

2.8　安装电连接 ………………………………………………………… (59)

2.9　调整悬挂 …………………………………………………………… (62)

2.10　接触网线岔 ……………………………………………………… (64)

2.11　隔离开关 ………………………………………………………… (66)

2.12　安装分段绝缘器 ………………………………………………… (70)

2.13　安装避雷器 ……………………………………………………… (72)

2.14　架设附加导线 …………………………………………………… (75)

本章小结 ………………………………………………………………… (84)

思考题 …………………………………………………………………… (86)

第3章　刚性悬挂接触网 ………………………………………………… (87)

3.1　刚性悬挂接触网的组成与特点 …………………………………… (87)

3.2　识读图纸 …………………………………………………………… (90)

3.3　施工测量 …………………………………………………………… (91)

3.4　钻孔与安装锚栓 …………………………………………………… (93)

3.5　安装支持定位装置 ………………………………………………… (96)

3.6　锚段关节和线岔 …………………………………………………… (101)

3.7　安装汇流排 ………………………………………………………… (103)

3.8　架设接触线 ……………………………………………………（106）

3.9　安装中心锚结 …………………………………………………（109）

3.10　调整接触悬挂 …………………………………………………（111）

3.11　安装电连接 ……………………………………………………（113）

3.12　刚柔过渡 ………………………………………………………（116）

3.13　安装分段绝缘器 ………………………………………………（119）

3.14　安装隔离开关 …………………………………………………（120）

3.15　安装接地线 ……………………………………………………（125）

3.16　安装标志牌 ……………………………………………………（126）

本章小结 ………………………………………………………………（128）

思考题 …………………………………………………………………（130）

第4章　接触轨式接触网 ……………………………………………（131）

4.1　接触轨的供电系统 ……………………………………………（131）

4.2　接触轨式接触网的组成 ………………………………………（135）

4.3　施工测量 ………………………………………………………（140）

4.4　安装绝缘底座 …………………………………………………（142）

4.5　安装接触轨 ……………………………………………………（145）

4.6　安装电连接和接地线 …………………………………………（155）

4.7　安装防护罩 ……………………………………………………（160）

本章小结 ………………………………………………………………（163）

思考题 …………………………………………………………………（164）

第5章　跨座式单轨接触网 …………………………………………（165）

5.1　跨座式单轨接触网的组成与特点 ……………………………（165）

5.2　跨座式单轨接触网的布置原则与施工特点 …………………（169）

5.3　识读图纸 ………………………………………………………（171）

5.4　前期工程检查 …………………………………………………（173）

5.5　安装支持绝缘子 ………………………………………………（175）

5.6　安装汇流排 ……………………………………………………（177）

5.7　汇流排的焊接与探伤 …………………………………………（181）

5.8　架设接触线 ……………………………………………………（184）

5.9　安装道岔区的设备 ……………………………………………（188）

5.10　安装防护板 ……………………………………………………（191）

5.11　调整悬挂 ………………………………………………………（193）

5.12　安装车体接地板 ………………………………………………（195）

5.13　安装避雷器 ……………………………………………………（197）

5.14　安装隔离开关 …………………………………………………（200）

5.15　高空作业的安全措施 …………………………………………（201）

本章小结 ………………………………………………………………（202）

思考题 ·· (204)

第6章　冷滑试验与送电开通 ··· (205)

6.1　冷滑试验检测 ·· (205)

6.2　送电开通 ·· (210)

本章小结 ·· (213)

思考题 ·· (214)

第1章　城市轨道交通概述

1.1　城市轨道交通的发展概况

城市轨道交通是以轨道运输方式为主要技术特征，以城市客运公共交通为服务形式的交通运输方式。城市轨道交通包括地下铁道、轻轨铁路、独轨、磁悬浮、索道、缆车等。

地下铁道是指位于地下隧道内的铁路，简称地铁。地铁一般全线路封闭，具有容量大、速度快、安全、准时、舒适、运输成本低、不占城市用地等优点。但建设成本高，一旦发生危险或事故，逃生和抢救受限。适用于出行距离较长、客运量大的城市中心区域。

轻轨铁路是因为它的车辆轴重较轻，施加在轨道上的荷载相对于城市铁路和地铁来说较轻，因而称之为轻轨。

独轨是指车辆在单一根轨道上运行的城市客运交通系统。从结构形式上来说为跨座式。独轨系统的线路通常采用高架结构，车辆则大多采用橡胶轮胎。

磁悬浮是依靠电磁吸力或电动斥力将列车悬浮于空中并进行导向，实现列车与地面轨道间的无机械接触，再利用线性电机驱动列车运行。由于列车在牵引运行时无机械噪声和磨损等问题，是人们理想的陆上交通工具。我国上海市的世界第一条高速磁悬浮铁路，线路总长29.863 km，运行时速为430 km。

世界上第一条地下铁道于 1863 年在伦敦建成，开始是采用蒸汽机车牵引。1881 年世界上第一辆有轨电车在德国柏林工业博览会上展示。随后世界上第一条有轨电车系统于 1888 年在美国投入运行。

20 世纪六七十年代在地下铁道建设高潮发展时期，由于地下铁道造价昂贵，西方国家在建设地下铁道的同时，又把注意力转移到地面轨道上来。利用现代高科技开发了新一代噪声低、速度高、转弯灵活、乘客上下方便的有轨电车，并采用专用车道，从而形成了城市轨道交通。

自城市轨道交通诞生以来，接触网悬挂形式不断改进，开始采用柔性接触悬挂，1961 年日本采用了 T 形架空刚性悬挂；1983 年 Π 形刚性悬挂在法国巴黎投入使用；目前接触轨式接触网正在广泛采用。我国城市轨道交通于 1965 年在北京开工修建第一条地下铁道，1971 年北京地铁一期工程投入运行。第二条和第三条地铁分别于 1976 年和 1984 年在天津和北京（地铁二号线）建成通车。

20 世纪 90 年代随着国民经济的快速发展，我国的综合国力大幅度提升，从而在许多城市掀起了兴建城市轨道交通的热潮。截至 2017 年 1 月，北京市城市轨道交通投入运营的线路有 574 km。上海市轨道交通线路自 1993 年地铁一号线建成通车以来，运营总里程达 617 km。天津市轨道交通线路于 1976 年通车运营以来，总里程达 168 km。重庆市的第一条轻轨为跨座式单轨线路，于 2004 年建成通车。重庆城市轨道交通运营里程为 213 km。广州地铁从 1993 年底一号线动工到 2016 年形成约 308.7 km 的轨道交通网，按照广州市政府规划将在 50 年内构筑一个现代化的立交交通体系。深圳地铁自 1998 年 3 月破土动工以来，形成 285 km 的地铁交通网，远景计划在规划中。香港地区目前现有运营线路总长度为 264 km；澳门地区的轻轨发展计划正在规划中。

随着国民经济实力的不断提高和我国工业化、城市化的稳步推进，城市规模的不断扩大和人口的逐步增加，为解决大中城市的交通拥堵问题，在今后相当长的一段时期内，城市轨道交通都将是大发展的态势。

1.2　牵引供电系统

城市轨道交通采用电力牵引，牵引动力是靠电能运转的电动车组。为了向运行中的电动车组不间断地供给电能，需要沿线路设置一套完整的供电系统——牵引供电系统。

1.2.1　牵引供电系统的组成

牵引供电系统主要由牵引变电所和牵引网两大部分组成。城市轨道交通供电系统的牵引变电所的主要设备是变压器和整流器。主变电所将供电部门送来的三相高压交流电，降为所需电压等级，通过三相线路送到牵引变电所，降压并整流为适应于电动车组工作的直流电（750 V 或 1 500 V），通过馈电线输送到接触网上。牵引变电所的间距比较小，一般只有 2～4 km。牵引网主要由接触网（接触轨）、馈电线、轨道和回流线等部分构成。供电系统示意图如图 1-2-1 所示。

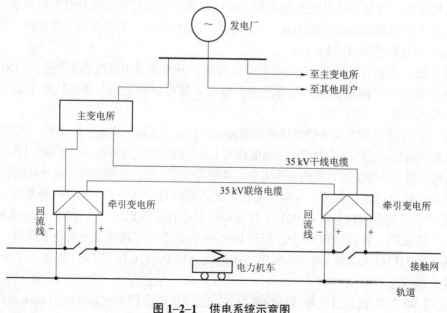

图 1-2-1　供电系统示意图

接触网是一种悬挂在轨道上方或沿铁路一侧设置的与轨道保持一定距离的输电线路。通过电动车组的受电弓（或受电靴）与接触网的接触滑动，电能由接触网进入电动车组，驱动牵引电动机使列车运行。

馈电线是连接牵引变电所和接触网的导线，它把牵引变电所的电能馈送给接触网。

轨道在电气化区段不但具有导轨作用，还是供电回路的一个组成部分。因此，电力牵引的轨道还具有导电的性能。

回流线是连接轨道和牵引变电所的导线，使做功后的电流，通过回流线返回牵引变电所。

1.2.2　牵引供电的电压等级及供电方式

城市轨道交通系统的供电距离和牵引吨数小，故可采用无干扰、容易控制的直流牵引供电方式。目前世界城市轨道交通的直流牵引电压等级有 DC600V、DC750V 和 DC1 500V 等多种；我国规定了 DC750V 和 DC1 500V 两种电压制。

牵引变电所向接触网的供电方式，主要按照牵引变电所的分布情况、供电臂的长短、线路状态和供电可靠性而定。通常有单边供电和双边供电两种正常供电方式，还有因为事故原因而运用的非正常供电——越区供电方式。

1.3　城市轨道交通接触网的类型

城市轨道交通接触网大致可分为柔性悬挂接触网、刚性悬挂接触网、接触轨式接触网和跨座式单轨接触网四种类型。

1. 柔性悬挂接触网

柔性悬挂接触网主要由支柱与基础、硬横跨装置、支持定位装置、接触悬挂、电连接与线岔、接触网设备、附加导线等几部分组成。

2. 刚性悬挂接触网

刚性悬挂接触网主要由汇流排、支持定位装置、绝缘子、中心锚结和架空地线组成。这种悬挂形式一般用在隧道内。

3. 接触轨式接触网

接触轨是沿轨道线路敷设的且与之平行的牵引供电线路。因其敷设在轨道旁边，且形状与轨道相似，故又称第三轨。其功能与架空式接触网一样，通过第三轨将电能输送给电动车组。电动车组由两侧伸出的受电靴与其接触而获得电能。接触轨有三种布置方式：上磨式、下磨式和侧磨式。

接触轨式接触网采用高导电性的钢铝复合接触轨，因此可以不用额外敷设沿线的馈电电缆；单位电阻小，可降低牵引网电能损耗从而有效地节约运营成本；重量轻，易于调整，接触轨之间采用鱼尾板连接，不需要现场焊接，因此安装简便；复合材料制成的接触轨支架具有低维护、耐腐蚀的特点，可以有效降低生命周期成本；安装位置在走行钢轨旁边，对铁路周围景观影响较小；钢铝复合轨与电力机车集电靴之间的接触面为不锈钢层，因此使用寿命长。接触轨式接触网具有良好的发展前景。

4. 跨座式单轨接触网

跨座式单轨接触网，采用轨道梁两侧面布置刚性接触悬挂，一侧为正极，另一侧为负极，电压等级为直流 1 500 V。接触悬挂位于轨道梁中部并被车体完全包络，其主要组成部分有绝缘子、T 形汇流排、汇流排线夹和接触线等。

　　轨道梁既是承重的桥梁结构，又是支承和导向的轨道；车辆采用橡胶轮胎，通过安装在转向架两侧的导向轮和稳定轮来导向和稳定车体。跨座式单轨交通具有占用空间少、适应地形好、舒适环保等特点。

本 章 小 结

　　（1）城市轨道交通的种类，主要有地下铁道、轻轨、独轨、磁悬浮、索道和缆车等。

　　（2）城市轨道交通刚性接触网。1961 年，日本采用了 T 形架空刚性悬挂；1983 年，刚性悬挂另一主要形式 Π 形刚性悬挂在法国巴黎投入使用。

　　（3）牵引供电回路是由牵引变电所、接触网、馈电线、电力机车、轨道和回流线等部分构成。变电所通过接触网（接触轨），由车辆受电器向电动客车馈送电能，回流线是牵引电流返回变电所的输电线路。

　　（4）我国规定了城市轨道交通牵引供电电压等级为：DC750V 和 DC1 500V 两种电压制。

　　（5）城市轨道交通接触网类型可分为：柔性悬挂接触网、刚性悬挂接触网、接触轨式接触网和跨座式单轨接触网。

　　（6）牵引变电所向接触网的供电方式，有单边供电和双边供电两种正常供电方式，还有因为事故原因而运用的非正常供电——越区供电方式。

思 考 题

　　（1）城市轨道交通的种类有哪些？
　　（2）城市轨道交通悬挂接触的主要结构形式有几种？
　　（3）牵引供电回路由哪些部分构成？各部分的作用是什么？
　　（4）我国城市轨道交通牵引电压等级是多少？
　　（5）城市轨道交通接触网类型有哪几种？

第2章 柔性悬挂接触网

☞ 学习目标

（1）掌握支柱的种类。

（2）熟悉支持定位装置的组成。

（3）掌握绝缘子的种类和电气性能。

（4）掌握中间柱、转换柱及道岔柱的基本结构形式。

（5）掌握硬横跨装置的组成、各节点的装配形式。

（6）了解施工图的种类、基本内容，掌握图例符号并且能够识图。

（7）学会施工测量方法和要求，以及支柱和门形支架安装方法。

（8）掌握中心锚结、吊弦、锚段关节、电连接线岔的类型及结构。

（9）掌握悬挂调整的内容、操作方法、技术要求及注意事项。

（10）掌握隔离开关、分段绝缘器、避雷器的类型及作用。

（11）掌握安装设备的操作方法、技术要求及注意事项。

（12）了解各附加悬挂的作用、架设形式、方法及技术标准。

2.1 柔性悬挂接触网的组成

2.1.1 支柱

支柱是用来承受接触悬挂及支持装置负荷，并将其负荷传递给基础或大地，把接触悬挂固定在规定高度上的接触网设备。

城市轨道交通接触网支柱按其材质不同，大致可分为预应力钢筋混凝土支柱和钢柱两大类。

1. 预应力钢筋混凝土支柱

在城市轨道交通线路上采用的混凝土支柱为锥形杆。这种锥形杆的锥度为 1/75，小头直径为 $\phi243.3$ mm，臂厚为 60 mm；大头直径为 $\phi390$ mm，壁厚为 70 mm；长度为 11 m；容量为 60，80，100 kN·m 三种。支柱外形尺寸如图 2-1-1 所示。

图 2-1-1 支柱外形尺寸

三种锥形支柱类型的表示符号为：

$$\frac{60}{8+3}\phi243.3 \qquad \frac{80}{8+3}\phi243.3 \qquad \frac{100}{8+3}\phi243.3$$

其中：分子表示支柱在垂直线路方向的支柱容量（kN·m）；分母上第一个数字8表示支柱地面以上高度（m），第二个数字3表示支柱埋深；ϕ243.3表示支柱小头直径（mm）。

2. 钢柱

城市轨道交通线路上采用的钢柱，又可分为单腕臂支柱和门形支架柱。

1）单腕臂支柱

单腕臂支柱分为锥形钢管支柱、圆形钢管柱和H形钢柱。

（1）锥形钢管支柱。锥形钢管支柱安装示意图如图2-1-2所示。其构造图如图2-1-3所示。

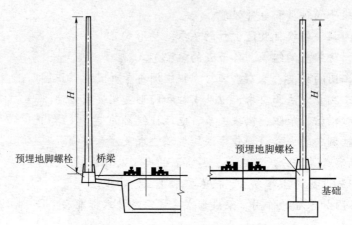

图2-1-2 锥形钢管支柱安装示意图

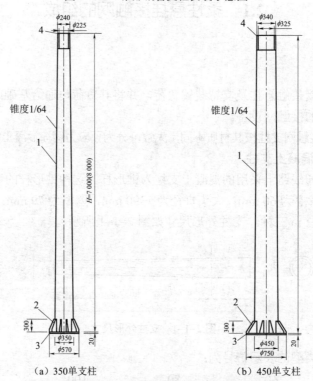

（a）350单支柱　　　　　　　（b）450单支柱

图2-1-3 锥形钢管支柱构造图

1—锥形管；2—筋板；3—法兰盘；4—柱顶封板

　　单腕臂支柱在高架桥上安装时,是利用预埋在桥面上的地脚螺栓把支柱固定在桥面上的。而在地面上安装时,则需要另打基础,用基础螺栓把支柱固定在基础上。

　　单腕臂支柱的型号为:DZ–350–H7000/8000

　　其中:DZ——单支柱;350——单支柱底径(mm);H——单支柱高度(m)。

　　(2)圆形钢管柱。圆形钢管柱、弯臂本体采用无缝钢管,材质为普通碳素钢。

　　① 圆形钢管柱外形尺寸示意图如图 2–1–4 所示。

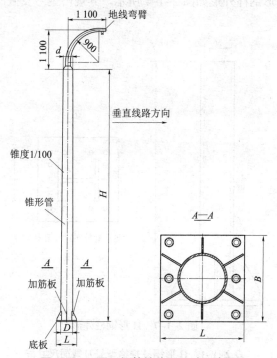

图 2–1–4 圆形钢管柱外形尺寸示意图

　　② 圆形钢管柱弯臂本体外形尺寸示意图如图 2–1–5 所示。

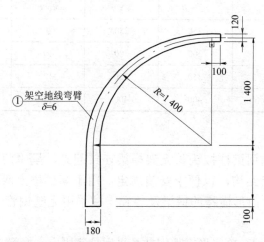

图 2–1–5 圆形钢管柱弯臂本体外形尺寸示意图

　　③ 钢柱型号示意图如图 2–1–6 所示。

图 2-1-6　钢柱型号示意图

（3）H 形钢柱。H 形钢柱外形如图 2-1-7 所示，其规格型号及截面尺寸列于表 2-1-1 中。

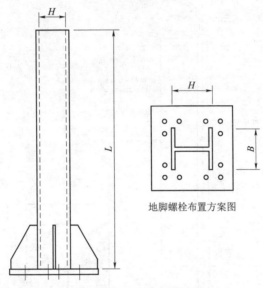

图 2-1-7　H 形钢柱外形

表 2-1-1　H 形钢柱规格型号及截面尺寸表

H 形钢柱类型	柱高 L/m	截面尺寸/mm		厚度/mm		重量/kg
		宽度 B	高度 H	腹板	腹板	
HGZ250/5.75	5.75	250	250	9	14	416
HGZ300/7.5	7.5	300	300	10	15	709
HGZ350/7.5	7.5	350	350	12	19	1 028
HGZ400/7.5	7.5	400	400	13	21	1 290

2）门形支架柱

门形支架柱的上端用梁柱接头与支架横梁连接起来，呈"门"形结构，故称门形支架；其下端也是法兰盘结构，以便于安装固定，用于高架桥上双线路上的腕臂安装和多线路上硬横跨的安装。门形横跨的横梁及等径支柱采用无缝钢管（结构管），材质为普通碳素钢。

（1）单门形支架钢柱。单门形支架钢柱是采用柱底固定，横梁与柱顶接头连接的门形钢架结构。横梁为等径管形结构，单门形支架钢柱安装示意图如图 2-1-8 所示。

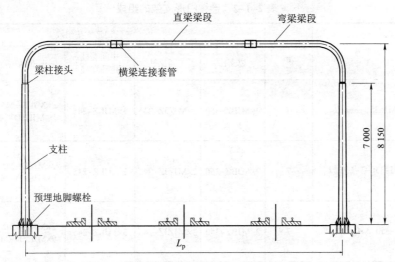

图 2-1-8　单门形支架钢柱安装示意图

门形支架由左右两根支柱和横梁组成。横梁又分成两个梁段，中间用横梁连接套管连接固定在一起。

（2）连续门形支架钢柱。连续门形支架钢柱示意图如图 2-1-9 所示。

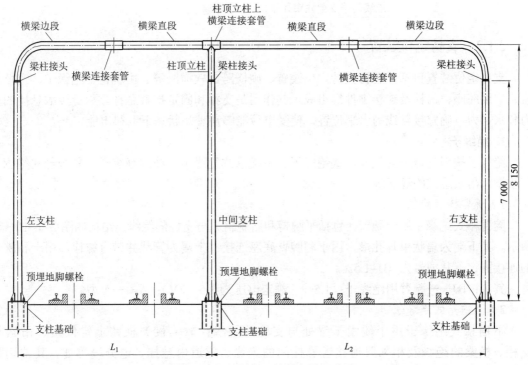

图 2-1-9　连续门形支架钢柱示意图

组成及代号：连续门形支架是由横梁、边支柱、中间支柱、中间支柱柱顶立柱及梁柱接头五个部分组成的。连续门形支架的组成列于表 2-1-2 中。

表 2-1-2　连续门形支架的组成

序号	名称	型号	支柱高度/m	连续门形支架组成				
				边支柱	中间支柱	中间支柱柱顶立柱	横梁	梁柱接头
1	两跨连续门形支架	MJ-350-3-L_1/L_2	7	2×MJBZ-350	1×MJZJZ-245	1×MJLZ-245	2×MJLD-245+3×MJLZD-245	3×LZJT-265
2	三跨连续门形支架	MJ-350-3-L_1/L_2/L_3	7	2×MJBZ-350	2×MJZJZ-245	2×MJLZ-245	2×MJLD-245+6×MJLZD-245	4×LZJT-265
3	四跨连续门形支架	MJ-350-3-L_1/L_2/L_3/L_4	7	2×MJBZ-350	3×MJZJZ-245	3×MJLZ-245	2×MJLD-245+9×MJLZD-245	5×MJT-265

连续门形支架类型代号：　MJ-350-3-L_1/L_2/L_3/···/L_n

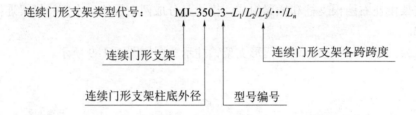

连续门形支架　　　　　　　　　　　连续门形支架各跨跨度

连续门形支架柱底外径　　　型号编号

2.1.2　支持定位装置

支持定位装置包括：腕臂支持定位装置、硬横跨、软横跨等。由腕臂、绝缘子、定位绳索、安装底座、吊柱及连接零件等组成。其作用是支撑和固定接触悬挂，承受接触悬挂的重力和水平力，确定接触线的水平位置，使受电弓能够在理想状态下取得电能。

1. 绝缘子

绝缘子按用途可分为腕臂棒式绝缘子、下锚悬式绝缘子、柱式绝缘子、复合悬式绝缘子和软横跨吊索悬式绝缘子等。

1）腕臂棒式绝缘子

腕臂棒式绝缘子用于腕臂（包括平腕臂和斜腕臂）与支柱的绝缘。结构如图 2-1-10（a）所示。其下端为扁状单耳孔形，用于和腕臂底座连接；上端为管状并带有螺栓，用于和腕臂的连接固定。其型号为 BJ-1.5A。

其中：BJ——腕臂用绝缘子；1.5——额定电压为 1.5（kV）；A——A 型。

2）下锚悬式绝缘子

下锚悬式绝缘子用于线索下锚处与支柱的绝缘。软（硬）横跨上定位索、吊索与支柱、横梁的绝缘及相邻股道接触悬挂间的绝缘、隧道内悬挂、电分段等处，其结构如图 2-1-10（b）所示。其两端均为扁状单耳孔形，便于和底座、终锚线夹等连接件的连接。型号为 XJ-1.5A。

其中：XJ——下锚用绝缘子；1.5——额定电压为 1.5（kV）；A——A 型。

3）柱式绝缘子

柱式绝缘子主要用于支柱、隧道内的馈电线等附加悬挂的支撑，保持对支柱（大地）的绝缘。绝缘子的两端均用螺栓连接，一端为 M16 螺杆配螺母，另一端为 M16 螺栓孔配 M16 六角螺栓，以便于绝缘子的固定和在绝缘子上安装固定相关零件。

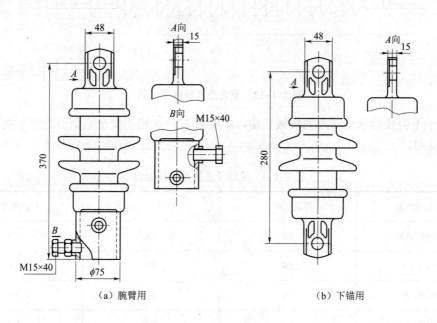

（a）腕臂用　　　　　　　　　　（b）下锚用

图 2-1-10　绝缘子

馈电线柱式绝缘子结构如图 2-1-11 所示。

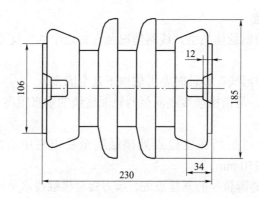

图 2-1-11　馈电线柱式绝缘子结构

4）复合悬式绝缘子

复合悬式绝缘子主要用于分段绝缘器承力索绝缘、线索下锚处绝缘，形状像棒式。绝缘子采用环氧玻璃纤维芯棒外覆硅橡胶。棒式绝缘子总长为 500 mm，两端钢帽形状及尺寸完全相同。复合悬式绝缘子结构如图 2-1-12 所示。

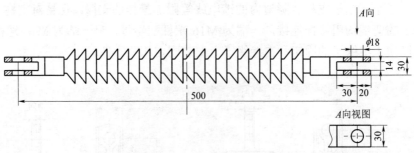

图 2-1-12　复合悬式绝缘子结构

绝缘子不但要能承受规定的机械负荷，还应有 2.5～3 倍的安全系数。绝缘子主要技术性能见表 2-1-3。

表 2-1-3　绝缘子主要技术性能表

主要技术性能	棒式绝缘子	下锚悬式绝缘子	柱式绝缘子
冲击耐压/kV	100	100	100
干耐压/kV	60	60	60
湿耐压/kV	30	30	30
爬电距离/mm	250	250	250
全长/mm	315	280	230

2. 腕臂支持定位装置

腕臂支持定位装置根据悬挂类型、线路情况及在锚段中的位置等的不同，有很多不同的结构形式。

腕臂支持定位装置的形式在设计时要考虑以下几个因素。

① 接触线工作高度：是指接触线底面至两轨面连线的垂直距离。用 "H" 表示，单位为 mm。

② 接触线的拉出值：是指在定位点处接触线至受电弓中心的距离。拉出值一般为 ±200 mm，最大不超过 250 mm。

③ 结构高度：是在链形悬挂的悬挂点处，承力索与接触线水平面间的垂直距离。一般在 800～1 400 mm。

④ 支柱的侧面限界：在邻近轨面连线高度处，支柱内缘与线路中心线的水平距离。用（CX）表示。

⑤ 最小绝缘间隙：带电体到接地体的静态最小值为 150 mm（困难时 115 mm），动态最小值为 100 mm。

在腕臂支持定位装置装配中，中间柱是最多的。在一个锚段里，除两端衔接部分外，中间的支柱都属于中间柱。根据所处位置的线路情况，其装配的结构形式也不相同。

1）简单悬挂中间柱腕臂装配

（1）简单悬挂直线中间柱（正定位）。

图 2-1-13 为简单悬挂直线中间柱（正定位）安装图，其用料表见表 2-1-4。

平腕臂与斜腕臂通过套管双耳连接固定在一起，并通过绝缘子与支柱绝缘。定位器通过长定位环安装固定在平腕臂上。另外在平腕臂上还装有吊索压板，吊索的中心用吊索压板固定在腕臂上，其两端用定位线夹等与接触线连接固定，将接触线吊起。

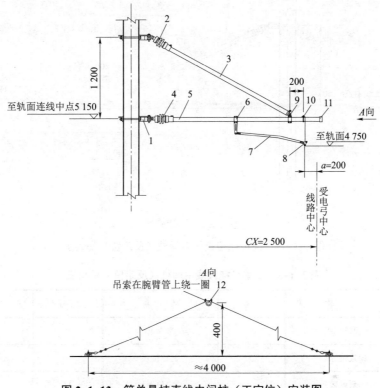

图 2-1-13　简单悬挂直线中间柱（正定位）安装图

表 2-1-4　简单悬挂直线中间柱（正定位）用料表

序号	名　称	序号	名　称	序号	名　称
1	腕臂底座	5	平腕臂	9	套管双耳
2	棒式绝缘子	6	长定位环	10	吊索座
3	斜腕臂	7	定位器	11	管　帽
4	棒式绝缘子	8	定位线夹	12	吊索压板

（2）简单悬挂直线中间柱（反定位）。

图 2-1-14 为简单悬挂直线中间柱（反定位）安装图。该图的平腕臂与斜腕臂的连接固定与正定位相似，但平腕臂加长，2 型长定位环安装在了套管双耳的外侧，定位器将接触线拉向外侧，形成反定位。其用料表见表 2-1-5。

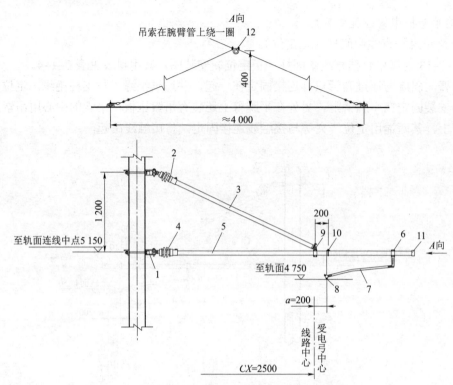

图 2-1-14　简单悬挂直线中间柱（反定位）安装图

表 2-1-5　简单悬挂直线中间柱（反定位）用料表

序号	名　称	序号	名　称	序号	名　称
1	腕臂底座	5	平腕臂	9	套管双耳
2	棒式绝缘子	6	长定位环	10	吊索座
3	斜腕臂	7	定位器	11	管　帽
4	棒式绝缘子	8	定位线夹	12	吊索压板

（3）简单悬挂小半径（$R \leqslant 400$ m）曲外中间柱。

由于曲线半径很小，曲线力很大，要采用软定位方式。简单悬挂小半径（$R \leqslant 400$ m）曲外中间柱安装图如图 2-1-15 所示。其用料表见表 2-1-6。

表 2-1-6　简单悬挂小半径（$R \leqslant 400$ m）曲外中间柱用料表

序号	名　称	序号	名　称	序号	名　称
1	腕臂底座	6	长定位立柱	11	套管双耳
2	棒式绝缘子	7	不锈钢拉线	12	吊索座
3	斜腕臂	8	定位环	13	管　帽
4	棒式绝缘子	9	软定位器	14	吊索压板
5	平腕臂	10	定位线夹	15	定位环

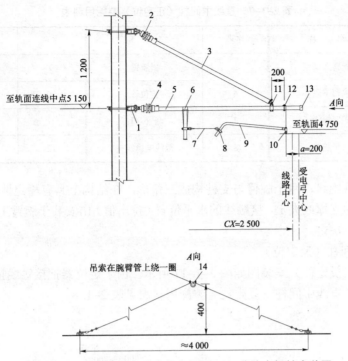

图 2-1-15　简单悬挂小半径（R≤400 m）曲外中间柱安装图

该装配的平腕臂与斜拉杆的连接固定与直线中间柱正定位基本相同，但定位装置不同，由长定位立柱、不锈钢拉线、软定位器及连接件组成。

（4）简单悬挂小半径（R≤400 m）曲内中间柱。

小半径曲内中间柱也要采用软定位方式，其腕臂结构形式与直线中间柱反定位基本相同，但定位装置不同，由长定位立柱、不锈钢拉线、软定位器及连接件组成。因为这种设计形式很少采用，所以不再做详细介绍。

2）链形悬挂中间柱腕臂装配

（1）直线中间柱（正定位）。

直线中间柱（正定位）安装图如图 2-1-16 所示。由于定位器把接触线拉向了支柱侧，所以称为正定位。直线中间柱（正定位）装配用料表见表 2-1-7。

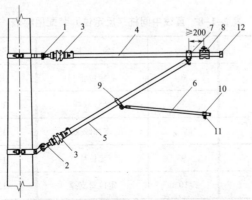

图 2-1-16　直线中间柱（正定位）安装图

表 2-1-7   直线中间柱（正定位）装配用料表

序号	名 称	序号	名 称	序号	名 称
1	腕臂上底座	5	斜腕臂	9	定位环
2	腕臂下底座	6	定位管	10	支持器
3	腕臂绝缘子	7	套管双耳	11	定位线夹
4	平腕臂	8	双线支撑线夹	12	管帽

　　绝缘子对支柱绝缘，两个腕臂与支柱构成三角形，在结构上具有稳定性；承力索固定于安装在平腕臂上的支撑线夹上，接触线的水平位置（拉出值）由安装于腕臂上的定位装置（定位管加支持器型）决定。

　　（2）直线中间柱（反定位）。

　　直线中间柱（反定位）安装图如图 2-1-17 所示。由于定位器把接触线拉向支柱的反侧，所以称为反定位。直线中间柱（反定位）装配用料表见表 2-1-8。

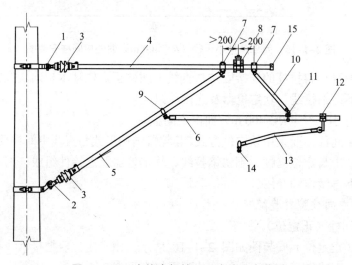

图 2-1-17   直线中间柱（反定位）安装图

表 2-1-8   直线中间柱（反定位）装配用料表

序号	名 称	序号	名 称	序号	名 称
1	腕臂上底座	6	定位管	11	套管双耳
2	腕臂下底座	7	套管双耳	12	长定位单环
3	腕臂绝缘子	8	支撑线夹	13	定位器
4	平腕臂	9	定位环	14	定位线夹
5	斜腕臂	10	定位管支撑	15	管帽

（3）大半径曲外中间柱。

大半径曲外中间柱的装配结构与直线中间柱（正定位）基本相同；所用材料也大致一样，只是部分零件的长度有所加长。

（4）大半径曲内中间柱。

大半径曲内中间柱的装配结构与直线中间柱（反定位）基本相同；所用材料也基本相同，只是部分零件的长度有所改变。

（5）小半径（$R<900\,m$）曲外中间柱。

小半径曲外中间柱安装图如图 2-1-18 所示，其装配用料表见表 2-1-9。

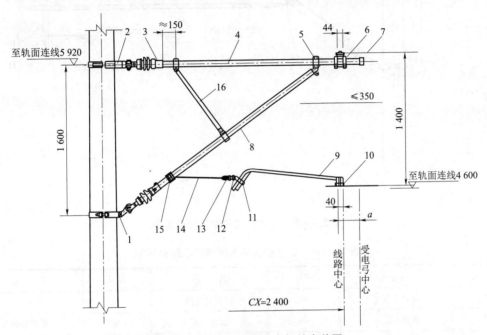

图 2-1-18　小半径曲外中间柱安装图

表 2-1-9　小半径曲外中间柱装配用料表

序号	名　称	序号	名　称	序号	名　称
1	腕臂下底座	7	管帽	13	钳压管
2	腕臂上底座	8	斜腕臂	14	铜绞线
3	腕臂绝缘子	9	软定位器	15	定位双环
4	平腕臂	10	定位线夹	16	定位管支撑
5	套管双耳	11	定位环		
6	双线支撑线夹	12	心形环		

$R<900\,m$ 曲线力很大，所以采用软定位。由于支柱位于曲线外侧，所以定位器把接触线拉向支柱，且相对于受电弓中心有一偏移值。

（6）小半径（$R<900\,m$）曲内中间柱。

小半径曲内中间柱安装图如图 2-1-19 所示。由于支柱位于曲线内侧，所以定位器把接触线拉向远离支柱方向，且相对于受电弓中心有一偏移值，这种装配所需材料见表 2-1-10

所示。

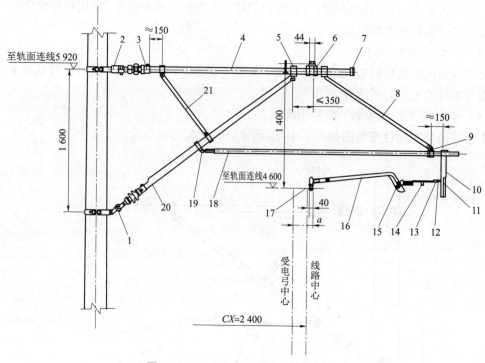

图 2-1-19　小半径曲内中间柱安装图

表 2-1-10　小半径曲内中间柱的装配材料表

序号	名　称	序号	名　称	序号	名　称
1	腕臂下底座	8	定位管支撑	15	定位环
2	腕臂上底座	9	套管双耳	16	软定位器
3	腕臂绝缘子	10	长定位立柱	17	定位线夹
4	平腕臂	11	定位双环	18	定位管
5	套管双耳	12	心形环	19	定位环
6	支撑线夹	13	钳压管	20	斜腕臂
7	管帽	14	铜绞线	21	定位管支撑

3）链形悬挂转换柱腕臂装配

转换柱是在锚段关节处通过支持定位装置承受工作支和非工作支两组接触悬挂负载的支柱。

转换柱有非绝缘转换柱和绝缘转换柱之分。就其腕臂支持定位装置而言，基本相同。下面介绍几种非绝缘转换柱的装配结构。

（1）直线非绝缘转换柱（ZF_1）的装配。

直线非绝缘转换柱（ZF_1）安装图如图 2-1-20 所示。支柱有两组腕臂，工作支一组与直线正定位柱基本相同；非工作支一组只悬挂有承力索，没有接触线，是因为接触线在此柱下锚。直线非绝缘转换柱（ZF_1）用料表见表 2-1-11。

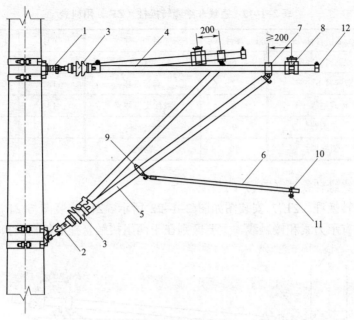

图 2-1-20　直线非绝缘转换柱（ZF₁）安装图

表 2-1-11　直线非绝缘转换柱（ZF₁）用料表

序号	名　　称	序号	名　　称	序号	名　　称
1	双腕臂上底座	5	斜腕臂	9	定位环
2	双腕臂下底座	6	定位管	10	支持器
3	棒式绝缘子	7	套管双耳	11	定位线夹
4	平腕臂	8	支撑线夹	12	管帽

（2）直线非绝缘转换柱（ZF₂）的装配。

直线非绝缘转换柱（ZF₂）安装图如图 2-1-21 所示。该柱的装配与两个直线正定位相同，由于非工作支接触线被抬高，所以对其定位使用的是锚支定位卡子。直线非绝缘转换柱（ZF₂）用料表见表 2-1-12。

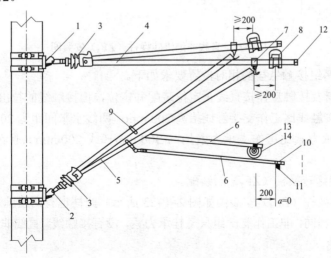

图 2-1-21　直线非绝缘转换柱（ZF₂）安装图

表 2–1–12　直线非绝缘转换柱（ZF$_2$）用料表

序号	名　称	序号	名　称	序号	名　称
1	双腕臂上底座	6	定位管	11	定位线夹
2	双腕臂下底座	7	套管双耳	12	管帽
3	棒式绝缘子	8	双线支撑线夹	13	锚支定位卡子
4	平腕臂	9	定位环	14	管帽
5	斜腕臂	10	支持器		

（3）直线非绝缘转换柱（ZF$_3$）的装配。

直线非绝缘转换柱（ZF$_3$）安装图如图 2–1–22 所示。ZF$_3$ 安装图与 ZF$_2$ 安装图相比，两组支持装置上都有承力索和接触线。主要区别在于两组接触悬挂的位置交换。

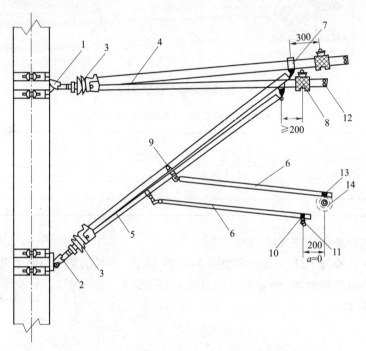

图 2–1–22　直线非绝缘转换柱（ZF$_3$）安装图

ZF$_2$ 与 ZF$_3$ 上两组接触悬挂的相对位置要求如下。

① 工作支腕臂及接触悬挂按直线正定位装配并定位，但接触线的拉出值为零。

② 非工作支接触线比工作支接触线抬高 200 mm；两线水平间距为 200 mm。

③ 非工作支承力索比工作支承力索抬高 300 mm（或 200 mm）且在本组接触线的正上方。

（4）直线非绝缘转换柱（ZF$_4$）的装配。

直线非绝缘转换柱（ZF$_4$）安装图如图 2–1–23 所示。此柱也有两组腕臂，工作支一组与直线反定位柱基本相同，非工作支一组只悬挂承力索，没有接触线。直线非绝缘转换柱（ZF$_4$）用料表见表 2–1–13。

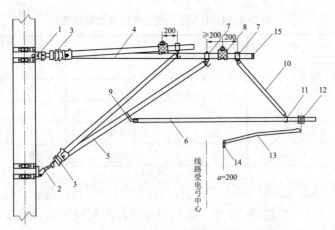

图 2-1-23　直线非绝缘转换柱（ZF₄）安装图

表 2-1-13　直线非绝缘转换柱（ZF₄）用料表

序号	名　称	序号	名　称	序号	名　称
1	双腕臂上底座	6	定位管	11	套管双耳
2	双腕臂下底座	7	套管双耳	12	长定位单环
3	棒式绝缘子	8	双线支撑线夹	13	定位器
4	平腕臂	9	定位环	14	定位线夹
5	斜腕臂	10	定位管支撑	15	管帽

以上介绍的是直线非绝缘转换柱 ZF_1、ZF_2、ZF_3 和 ZF_4 的装配结构。在曲线上，则有 QF_1、QF_2、QF_3、QF_4 的装配结构。主要区别在于：曲外转换柱上的工作支定位装置采用正定位；曲内转换柱上的工作支定位装置采用反定位。

4）链形悬挂道岔柱的装配

道岔柱根据所处的线路情况及支柱位置的不同，可分为以下三种类型。

（1）L（拉）型。

L（拉）型道岔柱的定位装置把两组接触线均拉向支柱，两支持装置均受拉。L（拉）型道岔柱安装图如图 2-1-24 所示。其装配用料表见表 2-1-14。

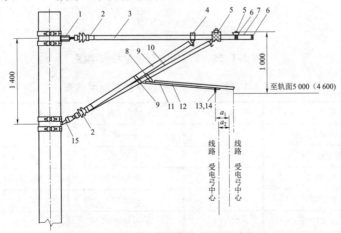

图 2-1-24　L（拉）型道岔柱安装图

表 2-1-14　L（拉）型道岔柱装配用料表

序号	名　称	序号	名　称	序号	名　称
1	双腕臂上底座	6	管帽	11	定位管
2	棒式绝缘子	7	平腕臂	12	定位管
3	平腕臂	8	定位环	13	支持器
4	套管双耳	9	斜腕臂	14	定位线夹
5	双线支撑线夹	10	斜腕臂	15	双腕臂下底座

　　从图 2-1-24 可以看出：L（拉）型道岔柱有两套腕臂、两组接触悬挂。但由于两组接触悬挂均为工作支，且结构高度相等。L（拉）型道岔柱的两组平腕臂都水平安装，定位装置都与直线正定位基本相同。

　　（2）Y（压）型。

　　Y（压）型道岔柱的定位装置为两组反定位形式，两支持装置均受压。Y（压）型道岔柱安装图如图 2-1-25 所示。其装配用料表见表 2-1-15。

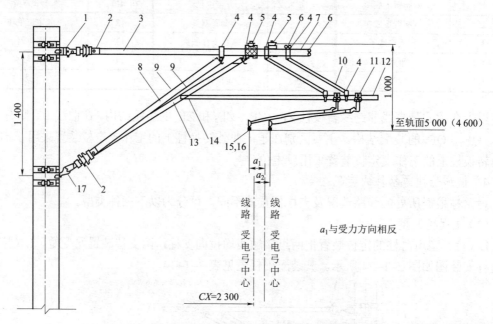

图 2-1-25　Y（压）型道岔柱安装图

表 2-1-15　Y（压）型道岔柱装配用料表

序号	名　称	序号	名　称	序号	名　称
1	双腕臂上底座	7	平腕臂	13	斜腕臂
2	棒式绝缘子	8	定位环	14	定位管
3	平腕臂	9	斜腕臂	15	定位器
4	套管双耳	10	斜腕臂	16	定位线夹
5	双线支撑线夹	11	长定位单环	17	双腕臂下底座
6	管帽	12	定位管		

（3）LY（拉压）型。

LY（拉压）型道岔柱的定位装置把一组接触线拉向支柱，使另一组接触线远离支柱；其安装图如图 2-1-26 所示，其装配用料表见表 2-1-16。

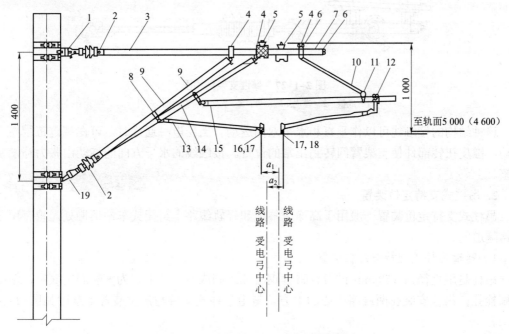

图 2-1-26　LY（拉压）型道岔柱安装图

表 2-1-16　LY（拉压）型道岔柱装配用料表

序号	名　称	序号	名　称	序号	名　称
1	双腕臂上底座	8	定位环	15	定位管
2	棒式绝缘子	9	斜腕臂	16	定位器
3	平腕臂	10	定位管支撑	17	定位线夹
4	套管双耳	11	套管双耳	18	定位器
5	双线支撑线夹	12	长定位单环	19	双腕臂下底座
6	管帽	13	定位管		
7	平腕臂	14	斜腕臂		

2.1.3　隧道内支持定位装置

在隧道内的接触网装配支持形式，根据隧道净空及建筑物情况有多种不同结构。

1. 弹性支架

我国在上海地铁的隧道内采用了一种性能优越的支持与固定装置，称为弹性支架，其结构如图 2-1-27 所示。弹性支架由底板、距离座（垫座）、橡皮扭转部件、绝缘子、支架臂、转体夹钳等组成。底板固定在隧道顶部，橡皮扭转部件悬挂在水平枢轴的支架臂（定位管）。

支架臂外端装有转体夹钳（支持器）和定位线夹，用来夹紧并固定接触线的位置。

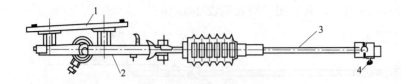

图 2-1-27　弹性支架结构图

1—底板；2—橡皮扭转部件；3—支架臂；4—转体夹钳

这种结构的接触线可以作垂直和水平双向运动。当受电弓通过时，可在规定范围内上下运动，橡皮扭转部件使支架臂回转到正常的位置。接触线的水平方向的移动由张力补偿装置调整。

2. 吊柱式支持定位装置

吊柱式支持定位装置一般用于高净空隧道和轻轨线路上封闭式车站顶棚处。也有用于单线路隧道的。

1）隧道吊柱式支持与定位装置

吊柱是用直径为 150 mm 的等径镀锌钢管加工制成的。其上端为安装固定底座，钻有四个螺栓孔；吊柱安装在两线路中心的上方。隧道吊柱式支持与定位装置示意图如图 2-1-28 所示。

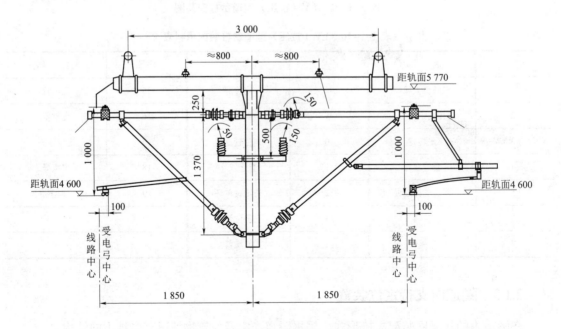

图 2-1-28　隧道吊柱式支持与定位装置示意图

2）单线路隧道吊柱式支持与定位装置（正定位）

单线路隧道吊柱式支持与定位装置（正定位）示意图如图 2-1-29 所示，其装配用料表见表 2-1-17。

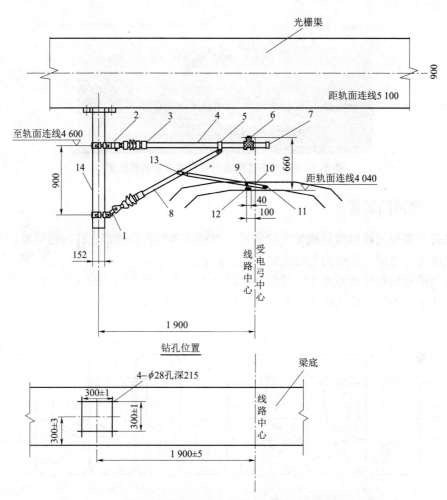

图 2-1-29 单线路隧道吊柱式支持与定位装置示意图（正定位）

表 2-1-17 单线路隧道吊柱式支持与定位装置装配用料表

序号	名　称	序号	名　称	序号	名　称
1	腕臂下底座	6	支撑线夹	11	管帽
2	腕臂上底座	7	管帽	12	定位线夹
3	棒式绝缘子	8	斜腕臂	13	定位双环
4	腕臂	9	支持器	14	吊柱
5	套管双耳	10	定位管		

3. 弓形腕臂

弓形腕臂及吊柱一般设在地下段的隧道内，它由腕臂、吊柱、绝缘子、安装底座和连接零部件组成。其作用同样是承受接触线、承力索、吊弦和电连接等设备的重力及水平力。地下段隧道内弓形腕臂安装示意图如图 2-1-30 所示。

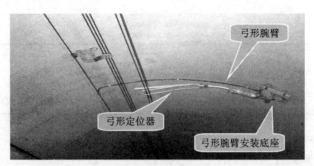

图 2-1-30   地下段隧道内弓形腕臂安装示意图

2.1.4   硬横跨装置

硬横跨是多股道接触悬挂横向支持装置,由横跨多股道的两根支柱、硬横梁、上下部定位索、绝缘子等组成,在结构上较稳定,便于安装。

硬横跨的结构形式比较复杂。每组硬横跨是由若干个节点组合而成的。链形悬挂与简单悬挂的结构形式不同,硬横跨典型节点图如图 2-1-31 所示。

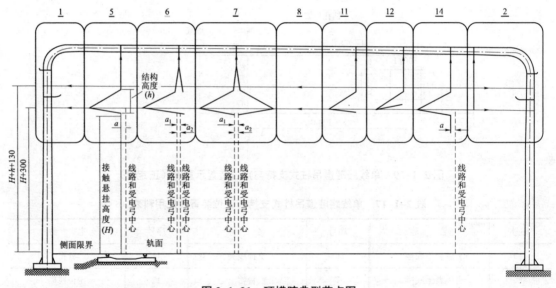

图 2-1-31   硬横跨典型节点图

1. 链形悬挂的硬横跨节点

1)节点 1 和节点 2

节点 1 和节点 2 是硬横跨在钢柱上的装配形式。节点 1 用于支柱位于无站台处。主要由定位索抱箍、吊索抱箍、调整螺栓、绝缘子、上下部定位索等组成。上下部定位索(TJ-50 型 19 股青铜绞线)通过一片绝缘子与支柱和横梁绝缘。节点 2 用于支柱位于有站台处,上下部定位索的内侧增加吊索(吊弦)将上下部定位索吊平。节点 1 和节点 2 示意图如图 2-1-32 所示。其材料表见表 2-1-18。

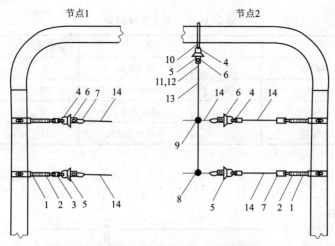

图 2–1–32　节点 1 和节点 2 示意图

表 2–1–18　节点 1 和节点 2 材料表

序号	名　称	序号	名　称	序号	名　称
1	定位索抱箍	6	单联碗头挂板	11	心形环
2	调整螺栓	7	双耳楔形线夹	12	钳压管
3	D 型连接板	8	定位索线夹	13	吊索
4	球头挂环	9	定位环线夹	14	上下定位索
5	悬式绝缘子	10	吊索抱箍		

2）节点 5

节点 5 的定位方式相当于中间柱（即正、反、软定位）。它的应用最为广泛。节点 5 示意图如图 2–1–33 所示。其材料表见表 2–1–19。

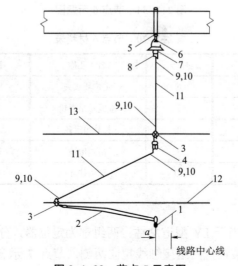

图 2–1–33　节点 5 示意图

表 2-1-19　节点 5 材料表

序号	名　称	序号	名　称	序号	名　称
1	定位线夹	5	吊索抱箍	9	心形环
2	定位器	6	球头挂环	10	钳压管
3	定位环线夹	7	悬式绝缘子	11	吊索
4	悬吊滑轮	8	单联碗头挂板	12	上下定位索

3）节点 6

节点 6 的定位方式相当于 L 型（或 Y 型）道岔柱。节点 6 示意图如图 2-1-34 所示。其材料表见表 2-1-20。

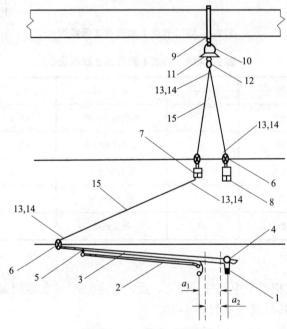

图 2-1-34　节点 6 示意图

表 2-1-20　节点 6 材料表

序号	名　称	序号	名　称	序号	名　称
1	定位线夹	6	定位环线夹	11	绝缘子
2	DC 型定位器	7	双线悬吊滑轮	12	单联碗头挂板
3	定位管	8	长悬吊滑轮	13	心形环
4	长支持器	9	吊索抱箍	14	钳压管
5	定位环	10	球头挂环	15	吊索

4）节点 7

节点 7 的定位方式相当于 LY 型道岔柱。两组都为定位器，分别通过定位环线夹固定在同一下部定位索上；定位装置把两组接触线拉向两侧。节点 7 示意图如图 2-1-35 所示。其材料表见表 2-1-21。

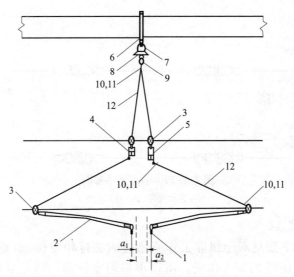

图 2-1-35　节点 7 示意图

表 2-1-21　节点 7 材料表

序号	名　称	序号	名　称	序号	名　称
1	定位线夹	5	长悬吊滑轮	9	单联碗头挂板
2	定位器	6	吊索抱箍	10	心形环
3	定位环线夹	7	球头挂环	11	钳压管
4	双线悬吊滑轮	8	悬式绝缘子	12	吊索

5）节点 8

节点 8 是在定位索上对相邻股道的接触悬挂进行横向电分段。它是在两定位索上分别安装一套下锚绝缘子，两端与两个双耳楔形线夹相连接。节点 8 示意图如图 2-1-36 所示。

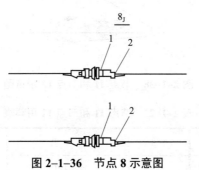

图 2-1-36　节点 8 示意图

1—双耳楔形线夹；2—悬式绝缘子

6）节点 9

节点 9 是链形悬挂硬横跨跨越非电化股道的节点。它是在非电化股道上方的两定位索上各安装两套下锚绝缘子，使之成为一段无电区。节点 9 示意图如图 2-1-37 所示。

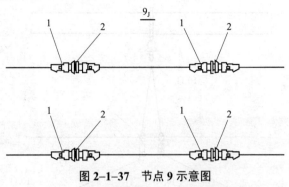

图 2-1-37 节点 9 示意图

1—双耳楔形线夹；2—悬式绝缘子

7）节点 11 和节点 12

节点 11 和节点 12 都是对一组非工作支悬挂的支持和定位。节点 11 是接触线位于下部定位索下边；因接触线为非工作支，所以不需用定位器，而是用夹环和拉索把接触线牵拉在定位环线夹上。节点 11 和节点 12 示意图如图 2-1-38 所示。节点 12 是接触线位于下部定位索上边。图中的虚线为节点 12 的拉索和夹环。节点 11 和节点 12 用料表见表 2-1-22。

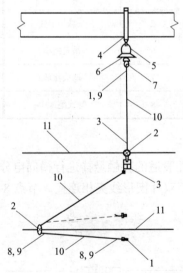

图 2-1-38 节点 11 和节点 12 示意图

表 2-1-22 节点 11 和节点 12 用料表

序号	名　称	序号	名　称	序号	名　称
1	夹环	5	球头挂环	9	钳压管
2	定位环线夹	6	悬式绝缘子	10	吊索
3	双线悬吊滑轮	7	单联碗头挂板	11	上下定位索
4	吊索抱箍	8	心形环		

2. 简单悬挂的硬横跨节点

在城轨线路的停车场、车库线及车辆段等场所采用补偿弹性简单悬挂，硬横跨的定位索只需一根。其两侧的支柱和硬横梁是 H 形钢（即"工"字钢）。定位索采用 TJ–50 型 19 股青铜绞线。

1）节点 1_J 和节点 2_J

节点 1_J 和节点 2_J 是简单悬挂硬横跨定位索在 H 形钢柱上的安装固定形式。简单悬挂硬横跨节点 1_J 和节点 2_J 安装图如图 2–1–39 所示。节点 1_J 有调整螺栓，而节点 2_J 没有，但节点 2_J 多一个 D_1 型双联板，其余相同。简单悬挂硬横跨节点 1_J 和节点 2_J 材料表见表 2–1–23。

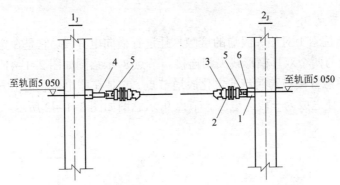

图 2–1–39　简单悬挂硬横跨节点 1_J 和节点 2_J 安装图

表 2–1–23　简单悬挂硬横跨节点 1_J 和节点 2_J 材料表

序号	名　称	序号	名　称
1	定位索底座	4	调整螺栓
2	悬式绝缘子	5	双联板
3	双耳楔形线夹	6	D_1 型双联板

2）节点 5_J 和节点 7_J

节点 5_J 是一组工作支接触线在硬横跨上的悬吊与定位。节点 7_J 相当于拉压型道岔柱的悬吊和定位。简单悬挂硬横跨节点 5_J 和节点 7_J 安装图见图 2–1–40，其材料表见表 2–1–24。

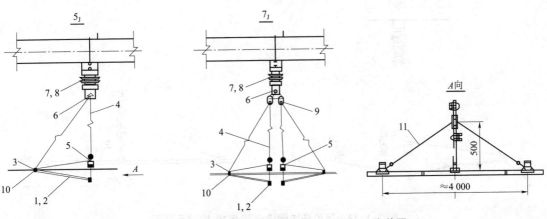

图 2–1–40　简单悬挂硬横跨节点 5_J 和节点 7_J 安装图

表 2-1-24　节点 5$_J$ 和节点 7$_J$ 材料表

序号	名　称	序号	名　称	序号	名　称
1	定位线夹	5	悬吊滑轮	9	三角调节板
2	定位器	6	双联板	10	半圆管衬垫
3	定位环线夹	7	下锚绝缘子	11	吊索
4	不锈钢拉线	8	定位索抱箍		

3）节点 8$_J$ 和节点 9$_J$

节点 8$_J$ 是在定位索上对相邻股道的接触悬挂进行横向电分段。它是在定位索上加装一套下锚绝缘子，两端与两个双耳楔形线夹相连接。节点 8$_J$ 示意图如图 2-1-41 所示。

节点 9$_J$ 是简单悬挂硬横跨跨越非电化股道节点。它是在非电化股道上方的定位索上加装两套下锚绝缘子，使之成为一段无电区。节点 9$_J$ 示意图如图 2-1-42 所示。

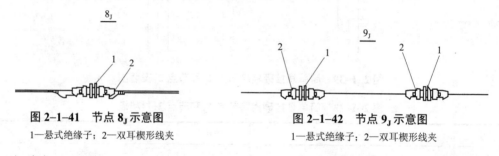

图 2-1-41　节点 8$_J$ 示意图

1—悬式绝缘子；2—双耳楔形线夹

图 2-1-42　节点 9$_J$ 示意图

1—悬式绝缘子；2—双耳楔形线夹

4）节点 10$_J$

节点 10$_J$ 是硬横跨位于非绝缘锚段关节处的节点，所起的作用相当于非绝缘转换柱。两组接触悬挂，工作支用 L3 型定位器进行定位；非工作支用夹环和 ϕ 3.5 不锈钢拉线牵拉。简单悬挂硬横跨节点 10$_J$ 安装示意图如图 2-1-43 所示。节点 10$_J$ 材料表见表 2-1-25。

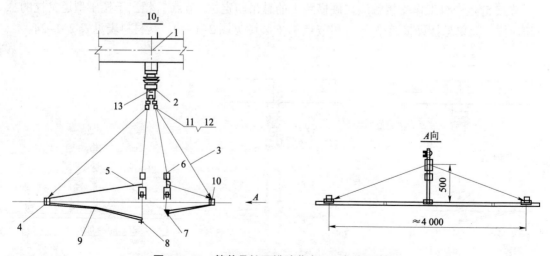

图 2-1-43　简单悬挂硬横跨节点 10$_J$ 安装示意图

表 2-1-25　节点 10ⱼ材料表

序号	名　称	序号	名　称	序号	名　称
1	定位索底座	6	定位环线夹	11	定位器
2	悬式绝缘子	7	悬吊滑轮	12	定位环
3	双耳楔形线夹	8	吊索	13	双联板
4	调节螺栓	9	夹环	14	三角调节板
5	吊索	10	定位线夹	15	双联板

5）节点 11ⱼ和节点 16ⱼ

节点 11ⱼ是一支非工作支悬挂在硬横跨上的悬吊与固定。用夹环和 $\phi 3.5$ 不锈钢拉线牵拉，安装于定位索上的定位环线夹上以便固定。

节点 16ⱼ是接触线上安装有分段绝缘器时在硬横跨上的悬吊与固定。其悬吊与固定方式与节点 5ⱼ基本相同。悬吊滑轮的高度由 500 mm 增加到 1 000 mm。同时还需要 4 根吊线用来吊平分段绝缘器。简单悬挂硬横跨节点 11ⱼ和节点 16ⱼ安装图如图 2-1-44 所示。需要材料见表 2-1-26。

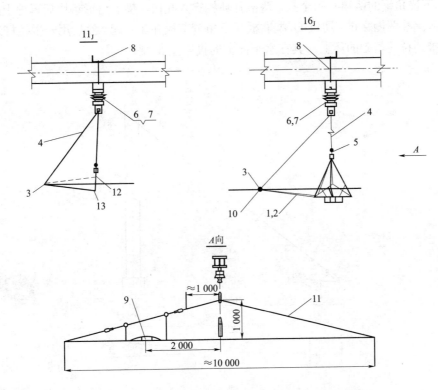

图 2-1-44　简单悬挂硬横跨节点 11ⱼ和节点 16ⱼ安装图

表 2-1-26　节点 11ⱼ 和节点 16ⱼ 材料表

序号	名　称	序号	名　称	序号	名　称
1	定位线夹	5	悬吊滑轮	9	分段绝缘器
2	定位器	6	双联板	10	半圆管衬垫
3	定位环线夹	7	悬式绝缘子	11	吊索
4	不锈钢拉线	8	定位绳抱箍	12	夹环

2.1.5　锚柱装配

锚柱位于锚段的两端，每个锚段都有两根或四根锚柱。锚柱的装配主要包括拉线和补偿器两项内容。

1. 拉线

拉线的作用是：平衡线索的下锚力，保持支柱稳固。拉线一般由下锚角钢、拉线、基础及拉杆等几部分组成。拉线的材料在城轨线路上多采用圆钢。拉线的结构因线索下锚情况的不同有 D 型、QY 型、QW 型和钢绞线拉线几种。

1）双承力索（双索）或双接触线（双线）并联下锚

双承力索或双接触线下锚拉线安装图如图 2-1-45 所示。下锚角钢安装在下锚侧（拉线的背面），下锚角钢的两端有两个孔，两根耳环杆穿入孔内，垫上角形垫块后再拧上螺母。两根耳环杆从支柱两侧穿过，通过 D₁ 型联板和三角调节板并在一起。然后用一根拉杆通过可调螺栓等连接到拉线基础的环上。其在水平面上的投影呈 Y 型。

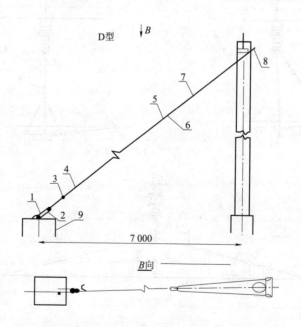

图 2-1-45　双承力索或双接触线下锚拉线安装图

1—拉线双联板；2—拉线双孔板；3—可调螺栓；4—拉杆；5—三角调节板；
6—连接板；7—耳环杆；8—角形垫块；9—基础

2）单承力索（单索）和单接触线（单线）同杆下锚

　　单承力索和单接触线同杆下锚拉线安装图如图 2-1-46 所示。该图适用于单承力索和单接触线竖直并联在同杆下锚时的拉线安装。其拉线在竖直面上的投影呈 Y 型。QY 型有液气补偿器，QW 型和 D 型没有液气补偿器。单承力索和单接触线下锚材料表见表 2-1-27。

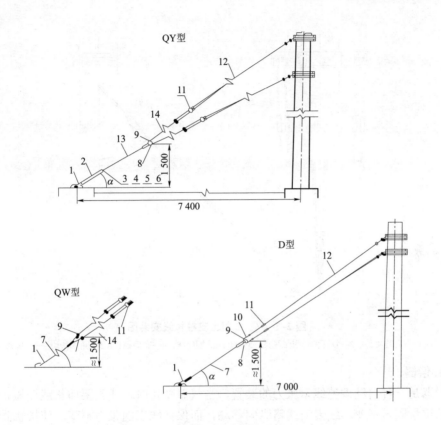

图 2-1-46　单承力索和单接触线同杆下锚拉线安装图

表 2-1-27　单承力索和单接触线下锚材料表

序号	名　称	序号	名　称	序号	名　称
1	拉线双联板	6	开口销	11	可调螺栓
2	液气补偿器	7	拉线双环杆	12	拉杆
3	螺栓销 M24	8	三角调节板	13	拉线双环杆
4	垫圈	9	拉线双孔板	14	拉线双环杆
5	垫圈	10	拉线双孔板		

3）钢绞线拉线

图 2-1-47 所示为混凝土支柱拉线安装图，其中的拉线是钢绞线制作的。其拉线角钢也是安装在背面，角钢的两端分别有两个孔，每侧分别安装两根有眼螺栓，其下端与双耳楔形耐张线夹连接（每个双耳楔形耐张线夹即一个钢绞线回头），共下来 4 根钢绞线（每侧为一整根）。钢绞线的下端用两套双耳楔形耐张线夹。

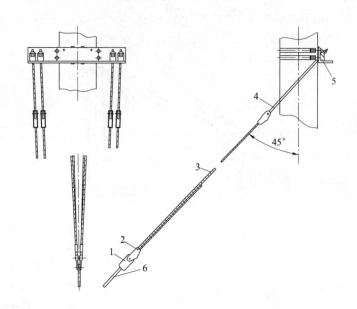

图 2-1-47　混凝土支柱拉线安装图

1—双孔连接件；2—双耳楔形耐张线夹；3—50 mm² 钢绞线；4—有眼螺栓；5—角形垫块；6—基础

2. 补偿器

补偿器是一种自动调整线索张力的装置，当气温变化时，线索要伸长或缩短，由于补偿器坠铊的重量固定不变，线索沿线路纵向移动，而保持线索的张力不变，使接触悬挂具有良好的工作状态。

补偿器主要由滑轮组（或棘轮）、坠铊、坠铊限制架及其连接件组成。城市轨道交通下锚补偿器采用的是棘轮装置，其传动比为 1:3，补偿绳为 50 mm² 软态不锈钢丝绳；坠铊的材质为铸铁，在坠铊串中部安装坠铊抱箍，并附卡在限制架的导管上能自由地上下滑动。

1）双索或双线下锚补偿器

双索或双线下锚补偿器如图 2-1-48 所示，其材料表见表 2-1-28。

图 2-1-48 为双索并联下锚，双索用三角调节板并联后通过悬式绝缘子与补偿器小轮上的补偿绳连接；大轮上的补偿绳与坠铊杆连接；大小轮固定在同一轴上。坠铊串安有抱箍可在坠铊限制架导管上自由滑动，以防坠铊串受风力的影响摆动侵入限界或碰撞支柱。

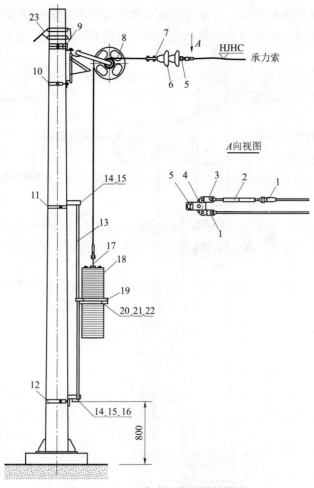

图 2-1-48　双索或双线下锚补偿器

表 2-1-28　双索或双线下锚补偿器材料表

序号	名　称	序号	名　称	序号	名　称
1	终锚线夹	9	棘轮上底座	17	坠铊杆
2	调整螺栓	10	棘轮下底座	18	坠铊
3	双联板	11	坠铊限制架（上底座）	19	坠铊抱箍
4	三角调节板	12	坠铊限制架（下底座）	20	螺栓
5	双联碗头挂板	13	坠铊限制管	21	螺母
6	悬式绝缘子	14	螺栓	22	垫圈
7	球头挂环	15	垫圈	23	承锚抱箍
8	棘轮装置	16	弹簧垫圈		

2）单索和单线下锚补偿装置

单索和单线同杆下锚时，承力索在上边，接触线在下边，且距离较大，承力索用终端锚固线夹直接与下锚平衡板相连接，接触线用双耳楔形线夹通过调整螺栓、双联板与下锚平衡板相连，成为并联下锚。地面段单索和单线全补偿下锚安装图如图 2-1-49 所示，其材料表见表 2-1-29。

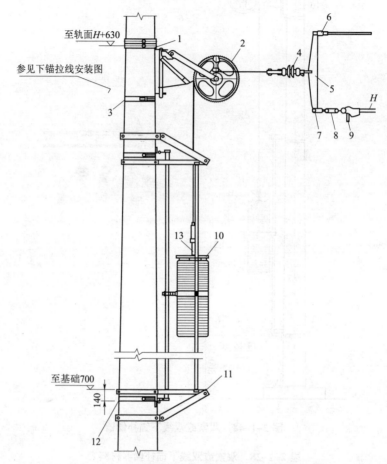

图 2-1-49　地面段单索和单线全补偿下锚安装图

表 2-1-29　地面段单索和单线全补偿下锚材料表

序号	名　　称	序号	名　　称	序号	名　　称
1	上承锚底座	6	终锚线夹	11	坠铊限制架
2	棘轮装置	7	双联板	12	坠铊限制架
3	下承锚底座	8	调整螺栓	13	坠铊杆
4	绝缘子	9	双耳线夹		
5	下锚平衡板	10	坠铊		

3）补偿制动装置

制动装置是一种当线索发生断线时，能自动对下落的坠铊进行制动的装置。其作用是防止事故扩大和保护坠铊及棘轮。棘轮补偿装置本身带有制动装置，它是将大轮的外缘设置成锯齿状（即为棘轮），再在棘轮的上下底座上设置一舌簧（棘爪），如图 2-1-48 和图 2-1-49

所示。

为保证在极限温度时，补偿器仍能可靠地进行张力补偿，在大小轮盘槽中缠绕钢丝绳的圈数应符合技术要求，根据施工温度来确定。此时将棘轮与棘爪的间隙调至约 20 mm，使棘轮能自由转动。当发生断线事故时，由于制动间隙为 20 mm，也就是棘轮在开始下落的一瞬间，就与棘爪接触并被卡住，即停止了继续下落，这样就起到缩小事故范围和保护坠铊的作用。

4）补偿坠铊串安装曲线表

（1）单索与单线并联下锚坠铊安装曲线表。

图 2-1-50 所示为传动比 1:3 单索与单线并联补偿下锚坠铊安装曲线表。L：中心锚结硬锚至补偿坠铊串的距离；t：环境温度；b：坠铊串底面至基础面（或地面）的距离。例如：当 L=500 m，t=15 ℃时查得：b 值为 1 900 mm。

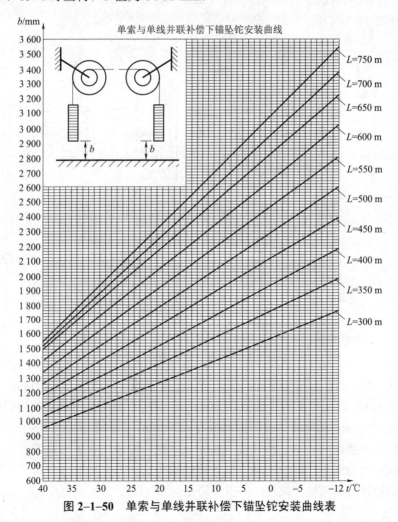

图 2-1-50 单索与单线并联补偿下锚坠铊安装曲线表

（2）双索或双线并联下锚坠铊安装曲线表。

双索或双线并联下锚坠铊安装曲线表的形式及查用方法，和单索与单线并联下锚坠铊安装曲线表基本相同，故不再赘述。

2.1.6　锚段及锚段关节

根据机械和供电方面的要求,将接触网分成若干独立的分段,这些独立的分段称为锚段。城市轨道交通的接触网锚段,一般不超过 1 500 m。

两个纵向相邻锚段的衔接部分称为锚段关节。当电动车组通过时,受电弓能够平滑地、顺利地由一个锚段过渡到另一个锚段。在城市轨道交通线路上,锚段关节的结构由于多采用双承力索、双接触线,因此比较复杂。

1. 锚段关节的结构

锚段关节分为非绝缘锚段关节和绝缘锚段关节两种。

1)非绝缘锚段关节

非绝缘锚段关节只起机械分段的作用,不进行电的分段。直线非绝缘锚段关节如图 2-1-51 所示。

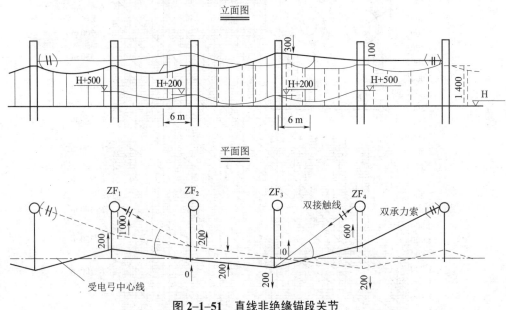

图 2-1-51　直线非绝缘锚段关节

由图 2-1-51 可知:直线非绝缘锚段关节 ZF_1 接触线的拉出值为 200 mm; ZF_2 工作支接触线的拉出值为 0,非工作支的拉出值为 200 mm; ZF_3 工作支接触线的拉出值为 0,非工作支的拉出值为 –200 mm; ZF_4 接触线的拉出值为 –200 mm。非绝缘锚段关节处设有两组电连接,分别位于两内侧转换柱的外侧,距转换柱 6 m 处,把两锚段进行了电路的可靠连接。还可以看出,接触线与承力索不在同一支柱下锚,接触线要比承力索提前一个跨距下锚。整个锚段关节包括了四根锚柱和四根转换柱,共五个跨距。

2)绝缘锚段关节

绝缘锚段关节不仅起机械分段作用,同时还起电分段作用,所以又称为电分段锚段关节。直线绝缘锚段关节如图 2-1-52 所示。

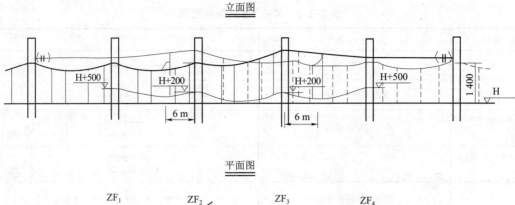

图 2-1-52　直线绝缘锚段关节

绝缘锚段关节与非绝缘锚段关节相比较，它们的线索布置、拉出值以及工作支与非工作支的相对位置等都一样；所不同的是，在两个内侧转换柱的内侧，距转换柱 1 m 处的非工作支悬挂上分别加设绝缘子。以实现两锚段间的绝缘（纵向电分段），再在 ZJ_2 支柱处设置一台隔离开关与之配合，以实现电分段间的连通与断开。

2. 技术要求

① 受电弓与两锚段接触线的接触取流的过渡转换是在转换跨距（中心跨距）内完成的，在转换跨距的中间两接触线等高，然后非工作支接触线逐渐抬高。

② 两内侧转换柱之间的两组接触悬挂在水平面上的投影是平行的，线间距为 200 mm±20 mm。

③ 在转换柱处，非工作支接触线距轨面高度比工作支接触线抬高 200 mm；下锚时抬高 500 mm。

④ 两组电连接分别设在两内侧转换柱的外侧，距转换柱 6 m 处。

⑤ 绝缘锚段关节，在两内侧转换柱的内侧，距转换柱非工作支定位点 1 m 处的承力索和接触线上，分别加设一套绝缘子。

⑥ 绝缘锚段关节开口处的转换柱（ZF_2）上安装隔离开关，非工作支的承力索和接触线上，安装横向电连接。

2.2　识　读　图　纸

2.2.1　柔性悬挂接触网图例

柔性悬挂接触网图例列于表 2-2-1 中。

表 2-2-1 柔性悬挂接触网图例

序号	名　　称	符　　号
1	正线	
2	侧线机车入库线	
3	牵引变电所接地网	
4	牵引变电所	
5	硬横梁横向电分段	
6	避雷器	
7	接地极	
8	分段绝缘器	
9	常合隔离开关	
10	常分隔离开关	
11	常分的带接地闸刀隔离开关	
12	常合的带接地闸刀隔离开关	
13	电动隔离开关（常分）	
14	电动隔离开关（常合）	
15	门形支架	
16	$\phi300$ 或（$\phi350$）支柱	
17	下锚拉线	
18	架空地线对向下锚	
19	架空地线单边下锚	
20	双接触线补偿下锚	
21	接触线无补偿下锚	
22	双承力索补偿下锚	

序号	名 称	符 号
23	单承力索补偿下锚	
24	接触线+承力索并联补偿下锚	
25	横向电连接	
26	中心锚结	
27	双接触线弹性支座	
28	单接触线弹性支座	
29	刚柔过渡电连接	

　　施工图是接触网工程的重要文件,由设计部门通过初步设计和施工设计来完成,它体现了接触网的技术特点和性能、设备种类和型号、工程数量、零件构造及材料等,是接触网施工的依据,也是运营管理的重要资料。

　　接触网施工图包括接触网平面图、接触网安装图与零件图等。

2.2.2　接触网平面图

接触网平面图分为:站场、区间线路平面图,隧道平面图。

1. 站场、区间线路平面图

站场、区间线路平面图表明了沿线路接触网布置情况。主要包括以下内容:

① 电化线路里程;

② 股道编号及线间距;

③ 道岔编号及型号;

④ 线路公里标及设备、设施公里标;

⑤ 曲线起始点、曲线长度、曲线半径、缓和曲线长度;

⑥ 线路平面上建筑物名称和位置;

⑦ 支柱平面布置及编号、支柱类型和数量、跨距值,支柱编号一般下行为单号,上行为双号;

⑧ 锚段划分、锚段号、锚段长度、下锚位置、下锚方式、锚段关节类型;

⑨ 供电分段及类别;

⑩ 拉出值的大小及方向;

⑪ 测量起点及坐标位置。

2. 隧道平面图

隧道内通过隧道壁进行悬挂和定位,隧道平面图主要包括以下内容:

① 隧道点的距离(即跨距);

② 埋入杆件距线路中心的距离；

③ 定位点的位置及拉出值大小方向；

④ 锚段关节与中心锚结的位置及形式；

⑤ 悬挂类型及接地方式；

⑥ 安装参考图号。

3. 表格栏

表格栏对应接触网线路平面图，反映接触网设备型号、数量、安装位置和形式等内容。

① 支柱编号：是支柱按一定顺序所编的号码。一般情况下按下行方向由小到大顺序编排，复线区段下行为单号，上行为双号。

② 侧面限界：它是指支柱所在位置的钢轨平面等高处，支柱内缘到相邻线路中心的距离。用 CX 表示。

③ 支柱/门形支架类型：说明支柱/门形支架类型的型号和数量。

④ 基础形式：支柱基础采用预制地脚螺栓基础；高架段均为土建施工单位预留钢支柱及拉线基础。

⑤ 安装图号：反映该支柱支持定位装置的媒介。

⑥ 硬横跨（梁）节点。

⑦ 附加线安装图号/高度：附加悬挂安装图号主要有回流线、架空地线等附加导线的安装图。高度是指肩架距地面的高度。

⑧ 附注栏标明了隔离开关、电连接、避雷器、接地极、接地线等的安装图号、安装位置等内容。

4. 说明

对接触网平面图的设计依据及平面图中不能直接反映的技术指标进行说明，如：接触悬挂类型、线索类型、接触线高度、特殊设计说明等。

5. 材料统计表

对线索类型及长度、支柱类型及数量、设备类型及数量、安装图号进行统计，作为施工投资预算和购置材料的依据。

2.2.3　安装图与零件图

1. 安装图

安装图包括支持定位装置安装图、设备安装图等。

1）支持定位装置安装图

支持定位装置安装图是以图示的形式反映各类支持定位装置的装配形式及安装尺寸；零件名称、零件类型、零件数量统计表；说明三项内容。

2）设备安装图

设备安装图反映了设备类型、型号、技术要求及其连接零件的名称、数量。

2. 零件图

零件图以三视图的形式标明了零件名称、型号、结构、性能、制造材料等。

2.3 施 工 测 量

2.3.1 劳动组织

1. 人员组织（见表 2–3–1）

表 2–3–1 人员组织

序号	人员	单位	数量	备 注
1	主管工程师	人	1	技术负责、质量负责
2	技术人员	人	2	
3	技术工人	人	2	
4	安全员	人	1	负责安全瞭望、安全检查、安全提醒

2. 主要工、机具（见表 2–3–2）

表 2–3–2 主要工、机具

序号	名称	规格	单位	数量	备 注
1	平面图		份	1	
2	红油漆	1 kg	桶	1	
3	画笔		支	1	
4	钢卷尺	50 m，10 m	套	1	

2.3.2 操作步骤

1. 纵向测量

① 从平面图标注的起测点开始，根据图纸的跨距值进行纵向测量。在测量过程中要不断地进行复核调整。在悬挂点测量过程中，因地形、地物需要调整跨距以避让时，调整跨距误差为：+1、–0.5 m。调整后的跨距不得大于设计允许最大跨距。

② 在直线区段，测尺沿任意轨进行测量。在曲线区段，测尺应沿曲线外侧钢轨测量。

③ 测量标记：用红色油漆在钢轨的轨腰上标明支柱或拉线的标记及支柱号数及型号等。

2. 横向测量

① 同一组门形支柱中心连线应与正线线路中心线相垂直，偏差为 2°。

② 敞开段、隧道出口处预留的柔性接触网下锚预埋件、悬挂横梁。

③ 高架桥支柱基础和地脚螺栓、锚柱拉线基础。支柱基础位置、外形尺寸、地脚螺栓位置及型号是否符合设计要求。

④ 横向测量支柱侧面限界按设计图纸要求进行。

3. 技术要求

① 应从起测点或停车场道岔岔心开始定测，直线沿正线任一轨进行测量，门形梁的支柱位置应考虑门形梁应垂直多数股道。

② 杆位因地形、地物需要调整跨距时，跨距调整误差+1、−0.5 m，调整后的跨距不得大于 50 m。

③ 站场横向测量中，同组门形梁的中心连线应与站场正线中心线垂直，应垂直多数股道，门形梁中心线的偏角不得大于 2°。

④ 纵向测量完后应复核整个锚段的长度、中心锚结的位置是否在整个锚段的中心位置，拉线基础的位置是否符合设计要求。

2.3.3　基础

钢管柱基础多采用预制地脚螺栓。支柱底部设法兰盘，法兰盘为圆形或方形，螺栓对称布置，安装方便。

高架段均为土建施工单位预留钢柱及拉线基础。停车场接触网基础为接触网专业进行浇制。浇制方法和要求与铁道电气化线路相同。

2.3.4　注意事项

① 基坑应在设计规定位置进行，在基坑开挖过程中必须保持线路路基的稳定，做好防坍塌的防护措施。

② 在开挖过程中，如必须移动坑位，在顺线路方向如超过+1、−0.5 m（道岔定位柱为+1、−0.2 m）时，应经设计及监理工程师审批。

③ 在开挖过程中，如发现地下埋设物或土质与设计资料不符时，应认真做好记录，会同领导研究处理。

④ 浇注基础时，任何支撑物在浇注的混凝土开始凝固之前必须全部撤出。

⑤ 在刚浇制基础四周用红色警示带围住，以防止行人误入，损坏基础表面。

2.4　安装支柱与门形支架

在高架桥区段安装支柱及门形支架，采用轨道平板吊车进行安装。

2.4.1　现场准备

① 用铁锤、钢钎等将所要测量的钢柱基础法兰盘表面水泥等杂物清理干净，露出基础法兰盘盘面。

② 清除基础表面杂物，用法兰盘模具检查各螺栓位置。

③ 拆除影响测量的安全护栏，待测量完毕后进行恢复。

2.4.2　劳动组织

1. 人员组织（见表 2-4-1）

表 2-4-1　人员组织

序号	施工人员	单位	数量	备　注
1	技术人员	人	1	负责技术与质量
2	工长	人	1	现场施工组织及协调
3	技术工人	人	3	
4	辅助工人	人	8	扶钢柱
5	安全员	人	2	负责安全瞭望、安全检查、桥下防护
7	轨道吊车司机	人	1	

2. 主要工、机具（见表 2-4-2）

表 2-4-2　主要工、机具

序号	名称	规格	单位	数量	序号	名称	规格	单位	数量
1	水准仪、经纬仪		台	各1	8	铁锤	4P	个	1
2	钢卷尺	50 m、10 m	把	1	9	防绳支架	>1.5 m	个	5
3	水平尺		把	1	10	防护管		个	10
4	红油漆		kg	若干	11	电焊机		台	1
5	油画笔		支	1~2	12	焊条		kg	若干
6	吊车	16 t	台	1	13	钢钎	400 mm	个	1
7	轨道平板		辆	1	14	发电机	11 kV	台	1

2.4.3　操作步骤

1. 测量

① 将水准仪置于桥面中间稳固,调平后分别测出每个法兰盘顺线路和垂直线路上共四个点的标高,并做好记录。

② 用 50 m 钢卷尺测出左右两法兰盘中心的距离,并做好记录。

③ 测量完毕,用红油漆在基础旁标明。

2. 将支柱或门形支架运至安装处

使用 30 t 的轨道平板车运送钢支柱或门形支架,并放置在合适吊装的位置,等待吊装。

3. 安装支柱

① 在支柱一端用尼龙绳套在钢柱的合适位置上。支柱离开地面后,杆下人员要使钢柱

转动。

② 支柱底部高于基础螺栓 200～300 mm 时，停止上升，调节起吊臂角度，使支柱底部法兰盘在基础螺栓正上方。

③ 根据测量的法兰盘四点的相对标高差安放适当数量垫片。

④ 缓缓放下支柱，使支柱坐于基础法兰盘上。

⑤ 安装、紧固螺母（不要拧紧）。

4. 支柱的整正、校核

① 在支柱顺线路方向和垂直线路方向上各置一台经纬仪，并调平。

② 用经纬仪测出支柱在顺线路和垂直线路方向上的柱顶中心偏移值并判断是否满足标准。

③ 若不满足标准，根据测量值，调整支柱并按需要添加垫片，拧紧螺母。

5. 安装门形支架

① 用 50 m 钢卷尺测出两支柱间的距离，并做好记录。

② 根据测量的两支柱的距离，调整门形支架的长度，并用钢尺检测。

③ 用连接套管连接后紧固螺栓，紧固螺栓的扭矩为 475～485 N·m。

④ 在梁柱接头处均匀涂一层黄油，以使安装顺利。

⑤ 将轨道平板吊车就位，并将吊车固定稳固，准备起吊。

⑥ 在门形支架中部对称套上两条尼龙吊带；在尼龙吊带上各绑一小绳，在门形支架两端各绑两条大绳，将尼龙吊带和起重钩连接稳固。

⑦ 开始起吊，当门形支架上升高于柱顶 200～300 mm 时停止上升。

⑧ 支柱各上一人至柱顶，扶住梁柱接头上方，使支柱侧的梁柱接头落入过渡套管 50～100 mm。

⑨ 作业人员调整另一侧支柱斜率，使柱顶对准门形支架的过渡套管，缓缓落下。

⑩ 梁柱接头完全进入过渡套管内后，拧紧支柱的全部螺母至设计力矩值。

6. 焊接门形支架柱顶

① 门形支架调整呈水平状态。用电焊机焊接焊缝。焊接门形支架和支柱顶接示意图如图 2-4-1 所示。

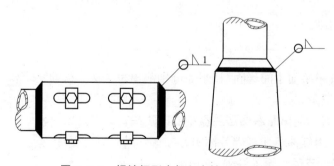

图 2-4-1　焊接门形支架和支柱顶接示意图

② 焊接完毕后除去氧化层并打光，在焊接处先均匀刷一层富锌底漆，待干后再刷一层富铝面层。

2.4.4 注意事项

① 清理基础法兰盘表面杂物时，做好安全防护工作，作业人员应系好安全带，所用工具采取系小绳的方法，防止坠落到桥下伤人。

② 吊装支柱时应采用尼龙绳，以防止损伤锌层。用晃绳拉住支柱，防止支柱损坏隔音挡墙，并防止碰撞支柱变形。

③ 门形支架应水平吊起。门形支架转运、安装时，应注意安全，防止挤伤手脚。

④ 支柱调整时，螺母只能松动，不能卸下。

⑤ 在安装门形支架后，连接套管的出水孔应向下。

2.4.5 技术要求

① 高架段支柱预留法兰盘，单个法兰盘的水平误差：<5 mm；同组法兰盘的水平误差<10 mm。

② 高架段支柱预留地脚螺栓外露误差为0~+20 mm。

③ 支柱整正限界误差为-0~+100 mm。

④ 整正单支柱时，在顺线路方向应中心直立，锚柱允许向拉线方向倾斜；在垂直线路方向：曲线外侧和直线区段支柱应外倾，曲线内侧支柱中心直立。

⑤ 整正门形梁支柱时，在顺线路方向和垂直线路方向均应中心直立；在垂直线路方向，向线路外侧倾斜不超过支柱高度的1‰，门形梁支柱是锚柱时，允许向拉线侧倾斜不超过支柱高度的2.5‰。

⑥ 整正支柱时，应使用规定垫片，调整垫片数量不要超过三片，每片厚度不应大于5 mm。

2.5 架设承力索与接触线

承力索的作用：不但通过吊弦承受接触线的重量，而且与接触线并联供电，同时保证接触线对轨面相对高度。铜承力索绞线主要规格见表2-5-1。

表 2-5-1 铜承力索绞线主要规格

序号	项 目	指 标	
1	标称截面/mm²	120	150
2	绞线股数×根数	19×1	37×1
3	每根单线直径/mm	2.8	2.25

架线前检查，悬挂点和下锚底座、拉线应已安装到位；承力索架设区段无其他车辆影响；在曲线区段用铁线将腕臂对拉加固；确认跨越电力线、通信线等应满足架线要求。

编制放线程序表，一般从锚段关节开口侧向交叉侧放线。

2.5.1 劳动组织

1. 人员组织（见表 2-5-2）

表 2-5-2 人员组织

序号	施工人员	单位	数量	备 注
1	技术人员	人	1	负责技术与质量
2	工长	人	1	组织及协调现场施工
3	技术工人	人	6	
4	架线车司机	人	2	
5	安全员	人	1	负责安全瞭望、安全检查、安全提醒

2. 主要工、机具（见表 2-5-3）

表 2-5-3 主要工、机具

序号	名 称	规 格	单位	数量	备 注
1	牵引作业车		台	1	
2	张力放线车		台	1	
3	悬挂滑轮	0.5 t	只	若干	根据悬挂点数量定
4	张力表	1.5 t	只	2	
5	手扳葫芦	3.0 t	只	2	
6	断线钳		把	1	
7	扳手		套	2	
8	楔形紧线器	50~150 mm²	套	3	
9	温度计		支	1	
10	尼龙套	30 kN	套	2	
11	平衡滑轮组	30 kN	套	1	
12	钢卷尺	5 m	把	1	
13	对讲机		台	3	
14	紧固辅助板		套	1	

2.5.2 架设承力索操作步骤

1. 承力索起锚

架线车辆组行至承力索起锚处，从线盘引出承力索。将临时钢绞线、平行滑轮用钢线卡子临时固定，用链条葫芦将起锚端补偿装置坠铊挂起。承力索架设起锚示意图如图 2-5-1

所示。

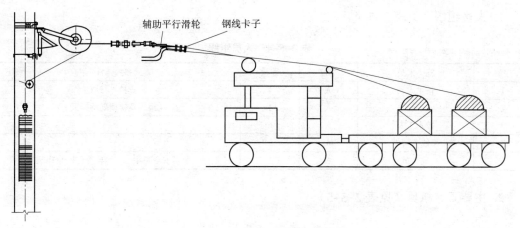

辅助平行滑轮　　钢线卡子

图 2–5–1　承力索架设起锚示意图

2. 张力架线

① 调整液压压力，张力值是一个变量，根据放线长度而变化，一般张力表可调到 1～1.5 kN，行车速度保持在 5 km/h。

② 架设中先将开口放线滑轮挂在承力索支撑线夹的内侧，再将承力索放入开口滑轮内。

3. 承力索下锚

① 架线列车组停在下锚处，将平台转至补偿装置附近。

② 将楔形紧线器、3 t 手扳葫芦、临时钢绞线、平行滑轮依次连接好后开始紧线。

③ 待棘轮离开卡舌 20～25 mm 后停止紧线连接零件。

4. 安装承力索

将放置在放线滑轮内的承力索安装在承力索支撑线夹或悬吊滑轮内。

2.5.3　注意事项

① 支柱位于曲线内侧时，必须将腕臂加固，防止腕臂受曲线力而损坏绝缘子。

② 吊装线盘时，承力索应由线盘的上面牵出。

③ 在曲线区段进行承力索架设、安装时，施工人员要站在曲线外侧作业。

④ 锯断承力索时，应保证断面平齐，并用钢锉将毛刺锉掉。

⑤ 锚段两端的调整螺丝分别安装在两条承力索上。

⑥ 放双承力索时应保证两条线平行，不能打绞。

2.5.4　接触线

接触线的作用是在复杂的环境中，良好地向电力动车组输送电能。接触线一般采用铜电车线（TCG）和银铜合金电车线（CTHA）。银铜合金电车线（CTHA）的规格一般有 120 mm^2 和 150 mm^2 两种，额定张力为 12 kN。

接触线架设作业准备工作同承力索架设准备工作基本相同。

2.5.5 劳动组织

1. 人员组织（见表 2-5-4）

表 2-5-4 人员组织

序号	施工人员	单位	数量	备 注
1	技术人员	人	1	负责技术与质量
2	工长	人	1	组织及协调现场施工
3	技术工人	人	6	
4	架线车司机	人	2	
5	安全员	人	1	负责安全瞭望、安全检查、安全提醒

2. 主要工、机具（见表 2-5-5）

表 2-5-5 主要工、机具

序号	名 称	规格	单位	数量	备 注
1	链条葫芦	1.5 t	件	1	
2	手扳葫芦	3.0 t	件	2	
3	钢线卡子	$\phi 22$ mm	个	14	
4	平衡滑轮	1.5 t	件	3	
5	楔形紧线器	1.5 t	件	2	
6	手锤	4 磅	件	1	
7	大剪		把	1	
8	扭矩扳手	常用型号	套	3	
9	连接板	100 mm	块	2	
10	张力放线车		台	1	
11	撖弯器		套	1	导线撖弯
12	开口滑轮		个	若干	据悬挂点数量定

2.5.6 操作步骤

1. 接触线起锚

在绝缘子端部外加一辅助平行滑轮，将钢线卡子拧紧，活动钢线卡子不要拧紧，戴平螺帽即可。用链条手扳葫芦将起锚端补偿装置坠铊挂起。

2. 张力架线

① 调整张力表液压张力到 1.5～2 kN。

② 双导线架线将 S 钩的一端挂在承力索上，再将导线放入 S 钩的另一端中。

3. 接触线下锚

① 将架线车平台转至补偿坠铊附近。

② 用链条葫芦将下锚端补偿装置坠铊挂起。

③ 确认各部件连接牢固、无误后开始紧线，直到补偿轮渐渐抬起离开止动轮舌时停止紧线。

④ 松开液压张力控制系统，剪断多余导线。

⑤ 用三个钢线卡子把导线卡紧在平衡滑轮前面的辅助钢丝绳上，连接接触线与零件。

2.5.7　注意事项

① 在起、下锚导线作业时，要将棘轮用链条葫芦固定，防止在下锚紧线时由于冲击力过大损坏补偿装置。

② 在起锚导线作业时，钢线卡子一反一正安装牢固，以防滑脱，影响行车。

③ 在张力架设作业时，放线架的液压张力应逐渐加大。

④ 紧双线时，应在楔形紧线器靠手扳葫芦方向的导线上临时安装一个定位线夹或钢线卡子，防止紧线器滑脱。

⑤ 横跨电力线路时，作业人员注意各种工具伸出不得超过承力索高度。

⑥ 在架线过程中，看线盘人员随时注意线盘运转情况发现异常应迅速停车处理。

⑦ 曲线区段作业台上人员必须站在导线的外侧。

2.6　安 装 吊 弦

吊弦是链形悬挂中承力索和接触线间的连接部件。吊弦的作用是把接触线悬吊在承力索上，同时，还起到将承力索与接触线导通电流并联供电的作用。

2.6.1　吊弦类型

吊弦根据接触悬挂的结构不同，其整体吊弦的构成也不同，下面介绍两种。

1. 单线整体吊弦

单线吊弦是接触悬挂由单接触线和单承力索构成时的吊弦。单线整体吊弦如图 2-6-1 所示。

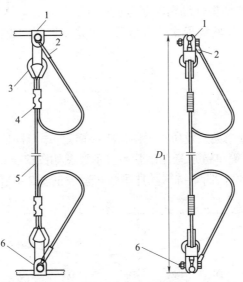

图 2-6-1　单线整体吊弦

1—承力索吊弦线夹；2—连接线夹；3—心形环；4—钳压管；5—16 mm² 青铜绞线；6—接触线吊弦线夹

2. 双线整体吊弦

双线吊弦是接触悬挂由双接触线和双承力索构成时的吊弦。双线整体吊弦如图 2-6-2 所示。

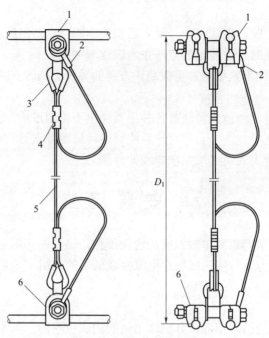

图 2-6-2 双线整体吊弦

1—双承力索吊弦线夹；2—连接线夹；3—心形环；4—钳压管；5—16 mm² 青铜绞线；6—双接触线吊弦线夹

这两种吊弦形式，均为载流环式整体吊弦，其下料长度为计算长度加两端预留长度（2×350 mm），其有效长度依据现场实际测量进行计算并修正，然后压接。整体吊弦还可分为可调的和不可调的两种，其结构形式基本相同，只是将上部的钳压管改为"压紧螺栓"即为可调吊弦。

2.6.2 吊弦的计算

1. 吊弦间距的计算

吊弦的布置应根据悬挂类型及所在跨距的大小而定。吊弦间的距离一般为 5~9 m 均匀布置，其偏差为 ±50 mm。简单链形悬挂吊弦布置示意图如图 2-6-3 所示。不同跨距内的吊弦根数（N）及吊弦间距不同，简单链形悬挂吊弦布置表见表 2-6-1。

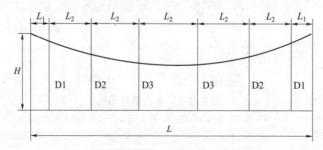

图 2-6-3 简单链形悬挂吊弦布置示意图

表 2-6-1　简单链形悬挂吊弦布置表

L/m	15～26	27～35	36～44	45～53	54～62
N/根	3	4	5	6	7
L_1/m	2.5～4.33	3.38～4.38	3.6～4.4	3.75～4.42	3.86～4.43
L_2/m	5～8.67	6.75～8.75	7.2～8.8	7.5～8.83	7.71～8.86

简单链形悬挂吊弦间距计算式为：

$$L_2=L/N \tag{2-6-1}$$
$$L_1=L_2/2$$

式中：L——跨距长度（m）；

　　　N——跨距中的吊弦根数；

　　　L_2——跨距中吊弦间距（m）；

　　　L_1——第一根吊弦到悬挂点的距离（m）。

2. 吊弦长度的计算

吊弦数量和间距确定后，各吊弦的长度是根据吊弦所在跨距承力索的张力、悬挂合成负载、接触线无弛度时承力索的弛度、结构高度及吊弦在跨距中的位置来计算的。吊弦长度计算见示意图 2-6-4 和公式（2-6-2）、公式（2-6-3）。

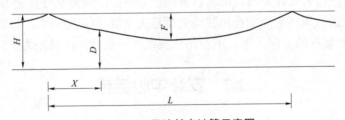

图 2-6-4　吊弦长度计算示意图

吊弦长度的计算公式为：

$$D=H-q_0x(L-x)/2T_c \tag{2-6-2}$$

或：

$$D=H-4x(L-x)F_0/L \tag{2-6-3}$$

式中：D——所求吊弦长度（m）；

　　　H——实际结构高度（m）；

　　　T_c——承力索的张力（kN）；

　　　q_0——链形悬挂合成负载（kN/m），$q_0=g_c+g_j+g_d$；

　　　g_c——承力索单位负载（kN/m）；

　　　g_j——接触线单位负载（kN/m）；

　　　g_d——吊弦单位负载（按 0.5N/m 考虑）；

　　　L——跨距长度（m）；

　　　x——所求吊弦到悬挂点的距离（m）；

　　　F_0——接触线无弛度时承力索的弛度（m）。

以上吊弦长度的计算，是按等高悬挂考虑的。若为不等高悬挂时，还要对计算公式加以修正。

2.6.3 制作吊弦

① 测量出相邻两悬挂点的跨距、定位点处承力索距轨面的高度、外轨超高等数据。

② 按跨距、结构高度、曲线半径、外轨超高及施工设计图纸利用计算软件算出吊弦的长度，编制成吊弦预配数据表，该表吊弦长度的数据应清楚地标明吊弦具体零件的起点位置。

③ 在整体吊弦平台上预配吊弦。预配误差控制在 ±1 mm 范围内。

④ 将每根吊弦应用阿拉伯数字标明吊弦编号，同一跨的吊弦应标明锚段号、定位号，并将预配好的吊弦分锚段单独放置。

2.6.4 技术要求

① 预制整体吊弦应依据计算数据，利用吊弦制作平台预制。整体吊弦长度应严格控制，施工偏差为 ±1 mm。

② 测量整体吊弦安装的位置应从悬挂点向跨中测量，其偏差应在跨中调整，安装允许偏差位置为 ±50 mm。

③ 吊弦线夹螺栓紧固力矩为 25 N·m。吊弦安装后应处于受力状态。

④ 安装吊索应符合设计要求，吊索以悬挂点为中心，两侧平分且受力均匀。

⑤ 整体吊弦的载流环应固定在吊弦线夹螺栓头一侧（即不应固定在螺母侧），吊弦载流环方向要朝向车辆运行的方向；上、下行吊弦应在同一断面内，误差为 ±50 mm。

2.7 安装中心锚结

在两端设有补偿器的锚段中部，为防止接触悬挂向一侧位移，将接触线固定到承力索上，同时将承力索固定到相邻支柱上，这种悬挂固定装置称为中心锚结。

一般当锚段长度小于 750 m 时，不设中心锚结，视为半个锚段，一端设为硬锚，另一端设补偿装置。此时，硬锚的作用就相当于中心锚结。

2.7.1 中心锚结的结构

中心锚结主要由中心锚结线夹、锚结绳固定线夹、承力索锚固线夹、中心锚结绳、中心锚结辅助绳、绝缘子及连接件等组成。

全补偿链形悬挂中心锚结的结构形式有两种：单接触线（单线）、双承力索（双索）中心锚结，双接触线（双线）、双承力索（双索）中心锚结。

1. 单接触线、双承力索中心锚结

单接触线、双承力索中心锚结如图 2-7-1 所示。其材料表见表 2-7-1。

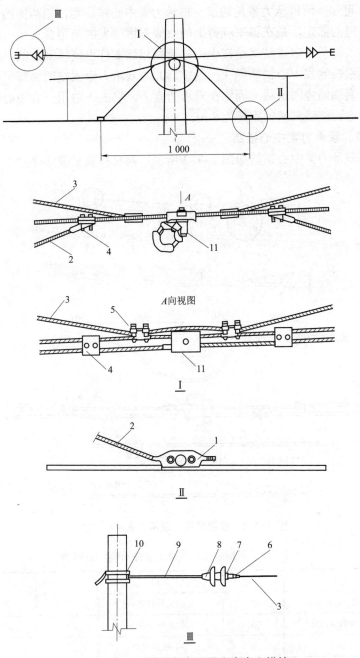

图 2-7-1　单接触线、双承力索中心锚结

表 2-7-1　单接触线、双承力索中心锚结材料表

序号	名　称	序号	名　称	序号	名　称
1	中心锚结线夹	5	承力索锚固线夹	9	杆环杆
2	接触线锚结绳	6	承力索终锚线夹	10	承锚抱箍
3	承力索锚结绳	7	单联碗头挂板	11	双线支撑线夹
4	锚结绳固定线夹	8	悬式绝缘子		

由图 2-7-1 可知：两根承力索是通过一根承力索中心锚结绳，与两侧的支柱固定。承力索与承力索锚结绳的固定，是在该平腕臂上的双线支撑线夹的两侧分别用一套承力索锚固线夹固定在一起的；而承力索锚结绳是在中间柱两侧相邻支柱上硬锚固定的。接触线与承力索的固定是通过两根接触线中心锚结绳（呈八字形）与双承力索固定的。每一根接触线中心锚结绳的上边用一套锚结绳固定线夹固定在双承力索上，它的下边用一套中心锚结线夹与接触线固定。两个中心锚结线夹间的距离为 8 m。

2. 双接触线、双承力索中心锚结

双接触线、双承力索中心锚结如图 2-7-2 所示。其材料表见表 2-7-2。

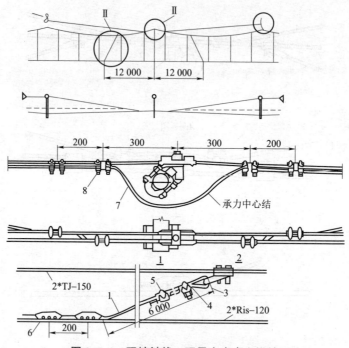

图 2-7-2　双接触线、双承力索中心锚结

表 2-7-2　双接触线、双承力索中心锚结材料表

序号	名称	序号	名称	序号	名称
1	接触线中心锚结绳	4	半圆管衬垫	7	承力索中心锚结绳
2	锚结绳固定线夹	5	钢丝绳卡子	8	双承力索锚固线夹
3	心形环	6	中心锚结线夹		

这种形式的中心锚结，也是用一根承力索中心锚结绳将双承力索固定到支柱上的。但承力索中心锚结绳与双承力索的固定，是在双线支撑线夹的两侧分别用两套（共四套）双承力索锚固线夹分别与两根承力索固定在一起的，且锚结绳是绕到平腕臂的下边通过的。接触线与承力索的固定也是通过两根接触线中心锚结绳（呈八字形）用锚结绳固定线夹与双承力索固定的。但是，每一根接触线锚结绳的下边是用两套中心锚结线夹（共四套）分别与两支接触线固定在一起的，两侧中心锚结线夹的距离为 24 m。

2.7.2　接触线中心锚结的安装及要求

① 接触线中心锚结线夹间距符合设计要求。

② 接触线中心锚结绳回头的预留、中心锚结绳的安装位置符合设计要求。双接触线、双承力索中心锚结如图 2-7-3 所示。

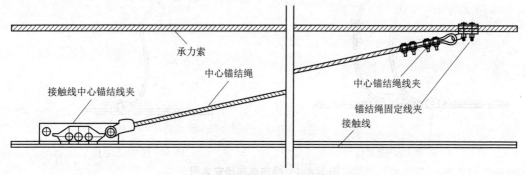

图 2-7-3　双接触线、双承力索中心锚结

③ 用小绳将中心锚结绳线夹处的接触线挂在承力索上，使接触线抬高不超过 100 mm。

④ 安装接触线锚结绳固定线夹后松开小绳，使接触线中心锚结线夹处接触线高度比相邻吊弦点高出 30 mm。

2.7.3　承力索中心锚结的安装及要求

① 安装中心锚结的腕臂一定要在垂直于线路的位置。

② 承力索中心锚结绳预留弧度，避免接触腕臂。

③ 靠近腕臂的两承力索中心锚结线夹距腕臂中心约为 300 mm；承力索锚结线夹之间的距离约为 200 mm，两个外侧的线夹安装在支柱侧。

④ 承力索中心锚结绳的弛度小于或等于所在跨距承力索的弛度且两边张力相等。

2.8　安装电连接

电连接是用一段或几段导线将接触网悬挂之间、设备与悬挂间进行连接起来的装置。其作用是导通电流或并联导线，以减小电阻，降低能耗。电连接线一般采用铜软绞线（TRJ-120 mm²）。

电连接根据安装位置不同可分为：横向电连接、道岔电连接、锚段关节电连接、股道间电连接、隔离开关电连接和避雷器电连接。

1. 横向电连接

横向电连接是用一段较短的导线，通过电连接线夹将同一组接触悬挂的承力索和接触线连接起来（或将接触悬挂与馈电线连接起来）的电连接。城市轨道交通线路上馈电线与接触网间每隔 60～100 m 设一处横向电连接。横向电连接安装图如图 2-8-1 所示。

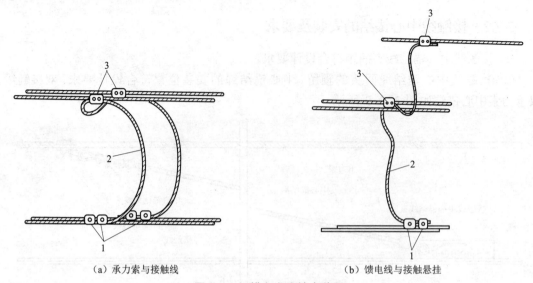

（a）承力索与接触线　　　　　　　　　　（b）馈电线与接触悬挂

图 2-8-1　横向电连接安装图

1—120 型馈电网线线夹；2—120 mm² 软铜绞线；3—150/120 型通用线夹

　　横向电连接的作用是：更好地将承力索和接触线及馈电线连接起来，避免由承力索经吊弦流向接触线的电流过大而烧坏吊弦。

2. 道岔电连接

　　在道岔上方，两工作支接触线相交处，均应安装电连接，使两股道上的两支悬挂实行电流导通。

　　道岔电连接（1）型适用于正线接触悬挂为双支承力索，双支接触线与站线单索单线的连接。道岔电连接（1）型安装图如图 2-8-2 所示。

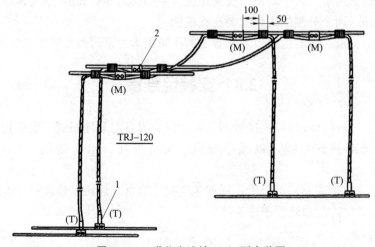

图 2-8-2　道岔电连接（1）型安装图

1—直式接触线电连接线夹；2—D₁ 型电连接线夹

　　道岔电连接（2）型适用于站线单索单线与单索单线间的电连接。道岔电连接（2）型安装图如图 2-8-3 所示。

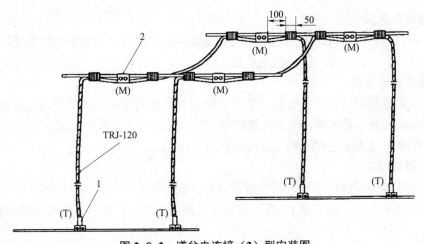

图 2-8-3 道岔电连接（2）型安装图

1—直式接触线电连接线夹；2—D_1 型电连接线夹

以上两种类型道岔电连接组合形式为 TMMT 型。

节点"T"是电连接线与接触线的连接固定，电连接线和线夹压接后用螺栓固定在接触线上。

节点"M"是电连接线与承力索的连接固定，它是用 D_1 型电连接线夹将电连接线与承力索平行并联起来，在距电连接线夹 100 mm 的两侧用直径约 1.5 mm 的单股铜线进行绑扎，绑扎长度为 50 mm，绑扎线应紧密不重叠。

3. 锚段关节电连接

在锚段关节处，两根内侧转换柱的外侧，距转换柱 6 m 处各安装一组锚段关节电连接。其作用是将两纵向相邻的两个锚段紧密连接起来，进行电流导通。锚段关节电连接如图 2-8-4 所示。

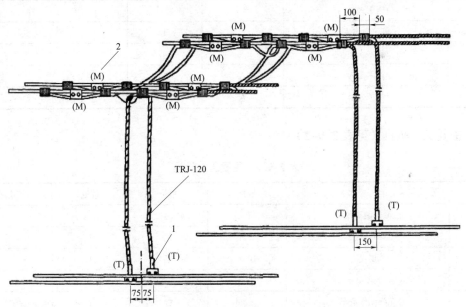

图 2-8-4 锚段关节电连接

1—直式接触线电连接线夹；2—D_1 型电连接线夹

4. 股道间电连接

在停车场、车辆段等股道多的场所，用导线将各股道接触悬挂紧密连接起来，以并联股道间的接触悬挂，导通电流，提高供电质量。

5. 隔离开关电连接

隔离开关电连接即隔离开关引线，它通过隔离开关把两个相邻的电分段连接起来。隔离开关电连接分布在开关的两侧，与开关连接端均通过设备线夹（或接线端子）固定到开关上，另一端通过电连接线夹固定在不同电分段的接触悬挂上。

6. 避雷器电连接

避雷器电连接即避雷器引线，它把避雷器与被保护的电气设备或接触网连接起来。它的一端通过接线端子固定在避雷器上，另一端用电连接线夹接到接触网馈电线上或接触悬挂上。

2.9 调 整 悬 挂

调整悬挂就是把承力索、接触线调整到设计要求的位置。该位置又分纵向位置、横向位置和高度。纵向位置就是腕臂、定位管、定位器随着温度变化而纵向移位的空间位置。横向位置就是承力索相对于线路中心、接触线相对于受电弓中心的位置。高度是指接触线的工作高度、定位管的高度、承力索的高度。

2.9.1 劳动组织

1. 人员组织（见表 2-9-1）

表 2-9-1 人员组织

序号	施工人员	单位	数量	备 注
1	施工负责人	人	1	
2	技术人员	人	4	
3	技术工人	人	6	
4	防护人员	人	2	

2. 主要工、机具（见表 2-9-2）

表 2-9-2 主要工、机具

序号	名 称	规格	单位	数量	备注
1	激光测量仪		台	1	
2	钢卷尺	2 m	把	1	
3	皮尺	10 m	把	1	
4	温度计		支	1	
5	车梯或作业车		台	1	
6	工具袋		个	1	
7	小绳	$\phi 10 \, mm$	根	1	20 m

序号	名　称	规格	单位	数量	备注
8	安全带		条	2	
9	防护旗		面	6	红黄各一面
10	对讲机		台	5	

2.9.2　操作步骤

1. 承力索的位置及腕臂偏移

1）承力索的横向位置

在直链形悬挂区段承力索位于接触线的正上方；在半斜链形悬挂区段承力索位于线路中心线的正上方。允许误差±30 mm。

2）腕臂在承力索上的纵向位置

根据施工时的温度，计算并调整腕臂偏移值（或查找腕臂偏移值表）。

腕臂的投影在平均温度时垂直于线路；当施工温度大于平均温度时，腕臂向下锚方向偏移；当施工温度小于平均温度时，腕臂向中锚方向偏移，偏移值的大小由式（2-9-1）计算。

腕臂偏移值：

$$E_W = L\alpha_c(t_x - t_p) \tag{2-9-1}$$

式中：E_W——腕臂偏移（mm）；

L——定位点距中心锚结的距离（mm）；

α_c——线胀系数；

t_x——安装温度；

t_p——平均温度。

2. 确定定位管的高度、安装定位管

定位管的高度，应为接触线的工作高度加上开口距离（接触线到定位管的距离）。开口距离因为定位器的型号不同，正定位、反定位的距离也不同。这要根据施工图纸的说明来确定。

1）安装吊线

用 $\phi 3.5$ 不锈钢丝制成的单股或双股吊线，一端固定在承力索支撑线夹下方孔内，另一端与定位管卡子连接。若为"V"形吊线，吊线的一端由承力索吊弦线夹固定在距悬挂点两侧相等距离的承力索上，另一端与定位管卡子连接。

2）安装定位管支撑

根据施工安装图纸选择支撑定位管的型号，使定位管支撑的一端与腕臂上的套管双管连接，另一端与定位管连接。

3）安装定位管

根据施工安装图纸中所示的安装标准，将定位管调整成水平状态。

3. 安装定位器

1）安装定位线夹

松开定位管上的定位环，将定位器挂到定位环上，定位线夹与接触线安装；因为定位器的偏移值及方向与腕臂相同，所以定位线夹的安装位置在腕臂正下方。定位线夹的本体侧要受力。

2）调整拉出值

根据施工平面图纸中所示定位点处的拉出值，用激光测量仪测量接触线的横向位置达到标准时，再将定位管上的定位环紧固。

4. 复核

复核腕臂及定位器的偏移值及方向、接触线的拉出值、承力索的位置。

2.9.3　调整悬挂的技术要求

① 安装腕臂的高度应符合设计要求，误差为±10 mm；上、下底座位于同一垂直面内。

② 腕臂应水平安装，允许误差为+30 mm，平腕臂外露大于100 mm。

③ 腕臂、定位管、定位器在温度变化时的偏移值要符合安装曲线的要求。

④ 定位管应呈水平状态，允许误差为+30、–0 mm。

⑤ 支持器距正定位管端头50～80 mm；反定位形式的长定位环距定位管端头大于100 mm。

⑥ 拉出值应符合设计要求，允许施工误差为±30 mm。

2.9.4　锚段关节的调整方法

锚段关节的调整方法是先调整工作支悬挂，再根据锚段关节工作支距非工作支的距离（横向、抬高）进行调整，调整的步骤及要求与中间柱悬挂调整大致相同。

2.9.5　补偿装置的调整

（1）测量：坠铊底面距地面距离；大小轮的圈数。

（2）根据调整时的温度和锚柱距中心锚结的距离，从坠铊下锚安装曲线表中确定好坠铊底面距地面的距离（b 值）。

（3）安装紧线器用手扳葫芦进行紧线，达到所需高度后停止紧线。在补偿绳上重新做回头。

（4）技术要求：

① 补偿绳要紧密排列无重叠现象。不得有松股、断股等缺陷，更不得有接头；

② 棘轮装置应转动灵活，安装后制动卡块间隙为20～25 mm；

③ 坠铊排列整齐，缺口方向错开180°；坠铊的调整误差为±200 mm；

④ 补偿坠铊限制管轴线应垂直安装，以保证坠铊随温度变化上下移动无卡滞现象；

⑤ 在平均温度时，棘轮装置大轮内补偿绳应留1.5圈，小轮内补偿绳应留2圈。

2.9.6　安全注意事项

① 利于车梯或作业车作业时，应严格遵循安全作业规程。

② 在曲线区段安装时，作业人员应位于线索的外侧，以防线索滑脱伤人。

③ 安装定位器时，在小曲线半径区段，可用滑轮及棕绳由地面人员配合拉动接触线。作业人员用力要均匀，并注意车梯稳定性。

2.10　接触网线岔

在车站、停车场、车库、车辆段等股道较多，机车由一股道进入另一股道，或出入某一股道时，要经过道岔设施进行转换。在两条铁路交叉（道岔）的上空将两支汇交的接触线，用限制管、定位线夹等连接并固定的装置称为线岔。

2.10.1　线岔的结构及交叉形式

接触网线岔由限制管、定位线夹和连接双耳、方头螺栓等组成。线岔的交叉形式根据悬挂的接触线根数及组合的不同分为 D 型、DS 型、SS 型三种。线岔安装图如图 2-10-1 所示。

D 型为两单线相交，需用一套线岔；DS 型为单线与双线相交，需用两套线岔；SS 型为两组双线相交，也需用两套线岔。

图中上面的接触线应能在限制管和下面的接触线之间自由地纵向移动。当温度变化时，两接触线在顺线路方向均会发生位移，但其交点的位置不随温度的变化而变化。限制管的中心相对交叉点，是随温度的变化而变化的。当安装温度为平均温度时，限制管的中心位置应与交叉点重合；当安装温度高于平均温度时，计算值为正值，限制管的中心位置应向下锚方向偏移；反之，应向中心锚结方向偏移。其偏移量计算公式如下。

$$E = L \cdot (t_x - t_p)\alpha$$

式中：E——线岔中心位置相对于交叉点的偏移值（mm）；

L——线岔位置至下方悬挂中心锚结处的距离（mm）；

α——接触线的线胀系数；

t_x——安装（或调整）时的温度；

t_p——当地平均温度。

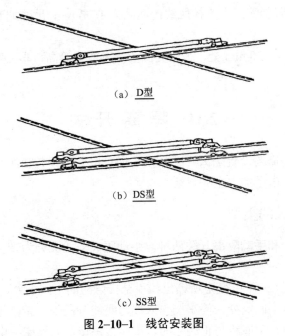

（a）D 型

（b）DS 型

（c）SS 型

图 2-10-1　线岔安装图

2.10.2　线岔的安装形式

线岔的安装形式如图 2-10-2 所示。

图 2–10–2 线岔的安装形式

线岔在双导线上安装时，两线岔应平行、美观，两线岔线夹距交叉点的尺寸一致。

2.10.3 线岔的定位及技术要求

接触线的交叉点确定之后，通过接触网线岔对其固定。安装线岔前，应通过调整道岔柱拉出值使两接触线交叉点符合以下技术要求。

① 单开道岔：两接触线交叉点应位于道岔直线轨距导曲线轨 630～760 mm 处，最佳位置为 690 mm（即两内轨距为 745 mm）处的横向中间位置上。在正常情况下道岔柱位于两线路中心线间距为 400～600 mm 处的线路某一侧，两支接触线的拉出值为 375 mm。

② 复式道岔：两接触线相交于道岔对称中心轴正上方。

③ 在平均温度时线岔的中心位置与接触线的交叉点重合，接触线在线岔里能随温度的变化而自由地纵向移动。

④ 线岔处调整后限制管距上方接触线的间隙为 1～3 mm，吊弦调整要使上下导线间隙为 2 mm 左右。

⑤ 两支接触线间距 500 mm 处，工作支侧两接触线应等高，非工作支侧非工作支比工作支抬高 50 mm。

2.11 隔 离 开 关

在接触网电分段处需要设置隔离开关，以实现对电分段设备和线路的控制，满足检修和停电作业的要求，使供电更加安全、灵活。

2.11.1 隔离开关的类型

隔离开关分为电动和手动隔离开关两种。手动隔离开关又分为带接地闸刀和不带接地闸刀两种。

电动隔离开关设置在：牵引变电所馈出线引至接触网的上网点处、正线各供电分区之间、停车场各供电分区馈线上网点处、停车场出入线与正线分段处。带接地闸刀的手动隔离开关设置在：隧道内折返线、车库线与正线之间、车库线进口及列检库中电分段处。

2.11.2 隔离开关的结构和工作原理

城市轨道交通接触网主要用 GW–1.5/3000 Z DT D 型隔离开关。

1. 符号说明

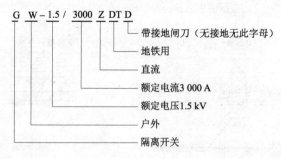

G W – 1.5 / 3000 Z DT D

- 带接地闸刀（无接地无此字母）
- 地铁用
- 直流
- 额定电流3 000 A
- 额定电压1.5 kV
- 户外
- 隔离开关

2. 隔离开关的结构

隔离开关整体采用一字布置，结构紧凑、简单。开关本体主要由底架、支持绝缘子、主触刀部分和消弧部分组成。隔离开关结构图如图 2–11–1 所示。

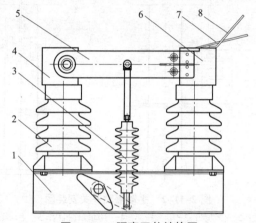

图 2–11–1 隔离开关结构图

1—底架；2—支持绝缘子；3—拉杆绝缘子；4—动触座；5—主触刀；6—静触座；7—消弧动触头；8—消弧静触头

3. 工作原理

操动机构的输出轴转动约 120°，机构输出轴经伞齿轮传动，带动开关主轴、拉杆绝缘子使主触刀分合。在开关进行分闸操作时，主触刀先打开一定距离后，消弧动触头快速打开，然后和主触刀一同运动到位。在开关进行合闸操作时，消弧动触头与消弧静触头先接触，然后主触刀才和静触座接触，并且一同运动到位。

2.11.3 隔离开关的安装形式

手动隔离开关安装图如图 2–11–2 所示。
电动隔离开关安装图如图 2–11–3 所示。

2.11.4 安装隔离开关操作方法

① 安装隔离开关底座时，应保证两底座安装面水平，且间距符合设计要求。
② 在隧道内安装隔离开关时应保证隔离开关到墙壁或其他接地体绝缘距离符合设计要求。

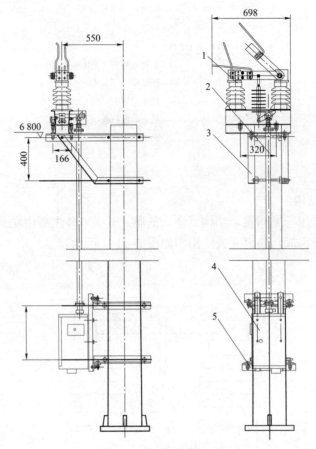

图 2-11-2 手动隔离开关安装图

1—隔离开关；2—传动杆；3—开关托架；4—手动操作机构；5—手动操作机构底座

③ 隔离开关操动机构应安装水平，传动杆安装角度符合设计要求，整个隔离开关操作灵活、开合到位。

④ 远动操作系统连线正确，刀闸分合位置应正确，操作时灵活；电动开关手动操作应与远动操作动作一致，正确、可靠。

⑤ 隔离开关刀口部分涂导电油脂，机构的连接轴、转动部分、传动杆涂润滑黄油。

⑥ 隔离开关所有底座都与架空地线相连通，可靠接地。有接地装置的开关主刀闸与接地刀闸的机械联锁应正确、可靠。

⑦ 安装调试完毕后，所有隔离开关均应处于分闸位置，所有操动机构加锁，严禁随意操作隔离开关。

⑧ 由隔离开关至接触网的引线按接触导线和承力索（地面段）温度变化伸缩要求，预留位移长度。

2.11.5 调整隔离开关

① 安装开关和机构五后，不要紧固。首先将万向接头与开关的齿轮输出轴连接，再将传动轴与万向接头连接，然后调整开关与机构的相对位置，使传动轴铅垂且与机构输出轴同轴心，再紧固安装螺栓。

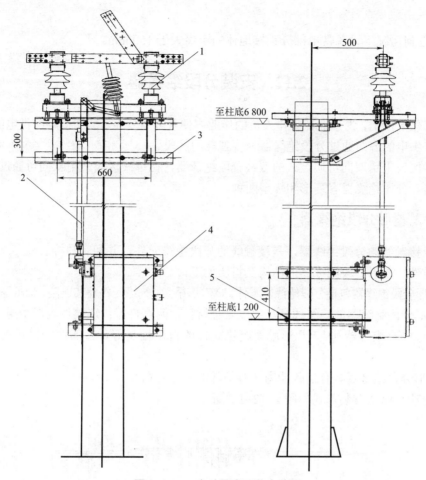

图 2-11-3　电动隔离开关安装图

1—隔离开关；2—操作杆；3—开关托架；4—操作机构；5—操作机构底座

② 开关、传动轴、机构安装完毕后，调整辅助开关与减速箱之间的连接器使其切换到位，实现隔离开关分合到位。

③ 在电动操作前应使机构处于分闸或合闸位置；若不能，则调整电动机构箱内辅助开关与减速箱之间的连接器，使开关与机构分合同步。

2.11.6　技术要求

① 隔离开关打开时，刀口距接地体、墙壁的绝缘距离符合设计要求。合闸时两刀闸中心吻合，允许偏差不大于 5 mm，刀闸与支柱中心连线成 90°角。隔离开关在分闸位置时动触刀与静触座之间空气绝缘距离不小于 180 mm。

② 隔离开关在由分到合时，在主触头接触前，引弧触头先接触；在由从合到分时顺序相反。

③ 带接地刀闸的隔离开关，来电侧引线应接在开关静触头侧（无接地刀闸），开关打开时接地刀闸与主触头连接准确、可靠。

④ 触头表面平整、清洁，触头间接触紧密，接触压力均匀；设备接线端子涂以薄层电力

复合脂。

　　⑤ 在任何情况下设备带电部分距接地体的距离大于 150 mm。

2.12　安装分段绝缘器

　　在电气化区段上，为了保证工作人员的作业方便及人身安全，增加接触网供电的灵活性，将接触网在供电的方面通过分段绝缘器分成独立的区段。

　　在双线区段采用双向可通过式的双线分段绝缘器，在单线区段采用双向可通过式的单线分段绝缘器。分段绝缘器有菱形和轻型两种。

2.12.1　菱形分段绝缘器

　　单、双接触线的分段绝缘器，是接触线的分段绝缘元件，并配有与接触线、承力索相连接的接头零件。菱形分段绝缘器的结构及材质如下。

　　① 菱形分段绝缘器包括分段绝缘器本体、"V"形吊索、绝缘元件及其连接、悬吊等配套零件。

　　② 菱形分段绝缘器的绝缘体是高强度聚合材料，耐磨性好；连接件为轻型耐腐蚀材料。

　　③ 菱形分段绝缘器和"V"形吊索绝缘元件的自洁性良好，各部件的材料具有优良的耐弧性。

　　④ 菱形分段绝缘器具有消弧能力，各部件的使用寿命长。

　　菱形分段绝缘器安装形式如图 2-12-1 所示。

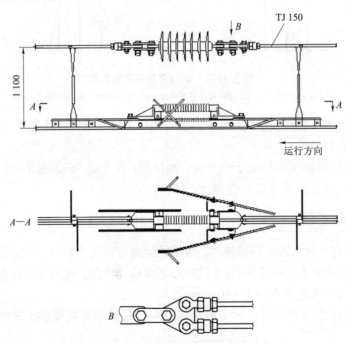

图 2-12-1　菱形分段绝缘器安装形式

　　菱形分段绝缘器安装位置如图 2-12-2 所示。

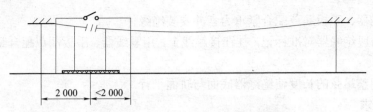

图 2–12–2　菱形分段绝缘器安装位置

2.12.2　轻型分段绝缘器

1. 轻型分段绝缘器的结构

轻型分段绝缘器由分段绝缘器本体、承力索绝缘元件及支撑、连接固定、悬吊等配套零件组成。轻型分段绝缘器结构实物图如图 2–12–3 所示。

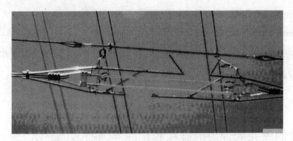

图 2–12–3　轻型分段绝缘器结构实物图

2. 轻型分段绝缘器的材质

轻型分段绝缘器由铜合金材料以及高强度聚合材料和耐腐蚀材料制成，其中悬吊架、连接板、固定板、紧固件为不锈钢材料；滑板、接触线和滑板线夹为铜材质；绝缘杆由加强玻璃钢制成。

单线分段绝缘器参考尺寸如图 2–12–4 所示。

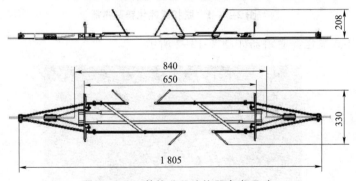

图 2–12–4　单线分段绝缘器参考尺寸

2.12.3　分段绝缘器的安装步骤与技术要求

1. 安装步骤

① 在承力索和接触线上做好分段绝缘器安装位置的中心标记。分段绝缘器在线路中心线的正上方。

② 将紧线器、手扳葫芦配合紧承力索并安装绝缘件。

③ 再将分段绝缘器对准标记，挂在接触线上，用紧线器、手扳葫芦配合紧接触线安装绝缘器。

④ 通过调整吊弦的长度使绝缘器底面与轨面平行。

2. 技术要求

① 分段绝缘器两端接头连接处距轨面的高度应比正常的接触线高出 20～30 mm。

② 绝缘器整体应与轨面平行。其中心应在线路中心的正上方。误差不应大于±50 mm。

③ 分段绝缘器的导流板距邻线导线距离≥1.5 m。

④ 分段绝缘器应使受电弓滑板顺利通过，无打弓现象。

2.13　安装避雷器

避雷器是防止电器设备遭受过电压破坏的保护装置。避雷器一般设置在正线及车辆场牵引变电所馈线上网处、隧道出入口处。高架及地面接触网线路每 250 m 设置一处避雷器。

氧化锌避雷器分为脱扣式和不带脱扣式两种。

2.13.1　氧化锌避雷器的结构

① 氧化锌避雷器的外壳为瓷质或硅橡胶绝缘件。脱扣式氧化锌避雷器如图 2-13-1 所示。

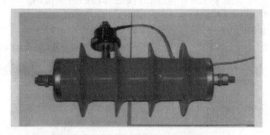

图 2-13-1　脱扣式氧化锌避雷器

② 不带脱扣式氧化锌避雷器如图 2-13-2 所示。

图 2-13-2　不带脱扣式氧化锌避雷器

2.13.2　氧化锌避雷器的安装

氧化锌避雷器的安装有在区间腕臂支柱上安装和在隔离开关支柱上安装两种形式。

1. 氧化锌避雷器在区间腕臂支柱上的安装形式

氧化锌避雷器在区间腕臂支柱上的安装形式如图 2-13-3 所示，材料设备组成表见表 2-13-1。

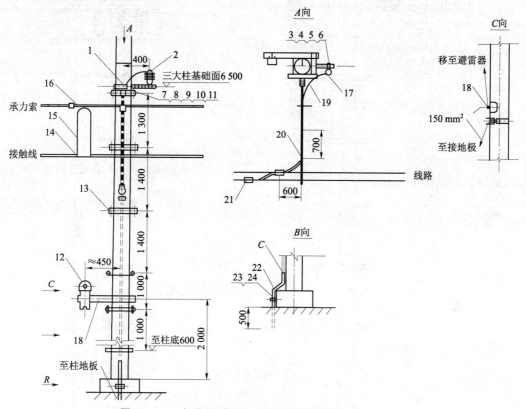

图 2-13-3　氧化锌避雷器在区间腕臂支柱上的安装形式

表 2-13-1　材料设备组成表

序号	名　称	序号	名　称	序号	名　称
1	避雷器底座	13	电缆抱箍	19	150 mm² 电缆
2	避雷器	14	电连接线夹	20	U 形卡箍
3，4，5，6	螺栓，螺母	15	铜绞线	21	电连接线夹
7，8，9，10	螺栓，螺母	16	电连接线夹	22	PVC 管
11	接线端子	17	铜接线端子	23	套管固定卡
12	计数器	18	安装肩架	24	敲击式锚栓

2. 氧化锌避雷器在隔离开关支柱上的安装形式

氧化锌避雷器在隔离开关支柱上的安装形式如图 2-13-4 所示，材料设备组成表见表 2-13-2。

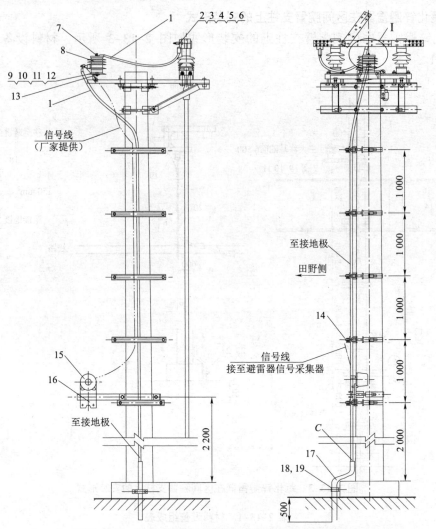

图 2-13-4　氧化锌避雷器在隔离开关支柱上的安装形式

表 2-13-2　材料设备组成表

序号	名　　称	序号	名　　称	序号	名　　称
1	150 mm² 电缆	9，10，11，12	螺栓，螺母	17	PVC 管
2	铜接线端子	13	底座，角钢	18	套管固定卡
3，4，5，6	螺栓，螺母	14	电缆抱箍	19	敲击式锚栓
7	铜接线端子	15	计数器		
8	避雷器	16	安装肩架		

避雷器在隔离开关支柱上安装时与隔离开关共用一套支架（底座）；避雷器引线接在了隔离开关的接线端子上，而不必再引一条线到接触悬挂上。

3. 避雷器、放电间隙的安装要求

① 避雷器、放电间隙安装位置符合设计要求。

② 避雷器、放电间隙安装严格按照技术说明书进行。

③ 开关托架水平，引线方式符合设计要求，引线固定牢固可靠，接地电阻不大于 10 Ω，连接处涂电力复合脂。

2.14 架设附加导线

在城市轨道交通接触网中，架设附加导线包括馈电线，架空地线，均、回流装置。

2.14.1 馈电线

馈电线的作用是减小接触网电阻，提高供电臂末端电压。馈电线由 3（或 2）根 150mm² 铜绞线组成，通过电连接与接触线和承力索并联。如图 2-1-53（b）所示。

1. 馈电线在钢柱及门形支架上的安装

馈电线在钢柱及门形支架上的安装形式如图 2-14-1 所示。其安装材料表见表 2-14-1。图中馈线肩架的安装高度适用于 4 600 mm 的接触线高度。肩架安装高度距轨面为 5 000 mm，肩架上的柱式绝缘子距支柱净距离大于 250 mm。

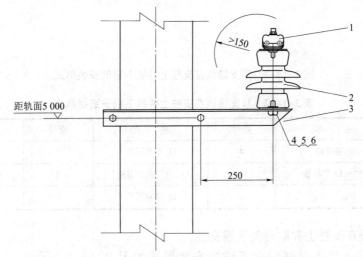

图 2-14-1 馈电线在钢柱及门形支架上的安装形式

表 2-14-1 馈电线在钢柱及门形支架上的安装材料表

序号	名　称	序号	名　称
1	馈线支撑线夹	4	螺栓
2	支柱绝缘子	5	螺母
3	肩架	6	垫片

2. 双支馈线在支柱上并联下锚安装

双支馈线在支柱上并联下锚的安装形式如图 2-14-2 所示，其安装材料表见表 2-14-2。该安装形式适用于两支 JT150 馈线在锥形钢柱或其组成门形支架上并联下锚的安装。

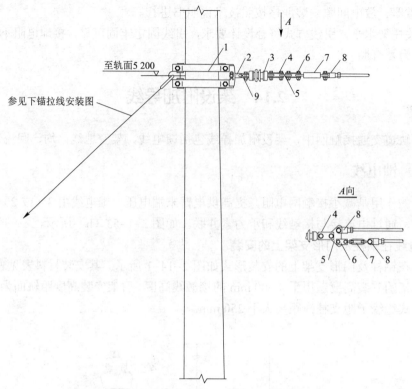

图 2-14-2　双支馈线在支柱上并联下锚的安装形式

表 2-14-2　双支馈线在支柱上并联下锚安装材料表

序号	名　称	序号	名　称	序号	名　称
1	承锚抱箍	4	D_1 型双联板	7	调节螺栓
2	PD—12 型挂板	5	T_1 型三角调节板	8	T150 型终锚线夹
3	下锚绝缘子	6	D_2 型双联板	9	Z—10 型挂板

3. 双支馈线在支柱上并联对向下锚安装

　　双支馈线在支柱上并联对向下锚的安装形式如图 2-14-3 所示,其安装材料表见表 2-14-3。该安装形式适用于两支 JT150 馈线在锥形钢柱或其组成门形支架上并联对向下锚的安装。对向承锚抱箍安装高度是零件对向承锚抱箍水平中心线的高度,电连接引线安装在馈线绝缘子上的线夹中。

表 2-14-3　双支馈线在支柱上并联对向下锚安装材料表

序号	名　称	序号	名　称	序号	名　称
1	对向承锚抱箍	5	T_1 型三角调节板	9	D_3 型电连接线夹
2	PD—12 型挂板	6	D_2 型双联板	10	电连接引线
3	下锚绝缘子	7	调整螺栓	11	Z—10 型挂板
4	D_1 型双联板	8	T150 型终锚线夹		

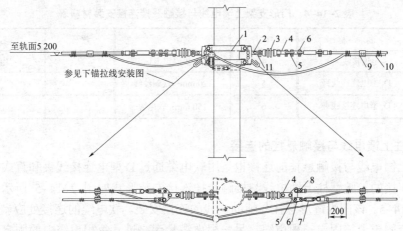

图 2-14-3　双支馈线在支柱上并联对向下锚的安装形式

4. 门形支架上馈电线与接触悬挂的连接

门形支架上馈电线与接触悬挂的连接是用软电缆通过 D 型电连接线夹和直式电连接线夹分别与承力索和接触线连接的。电缆与承力索连接时应松弛，预留温度变化而引起的线索纵向位移量。门形支架上馈电线与接触悬挂连接的安装形式如图 2-14-4 所示，其安装材料表见表 2-14-4。图 2-14-4 适用于链形悬挂与辅助馈线的连接安装。

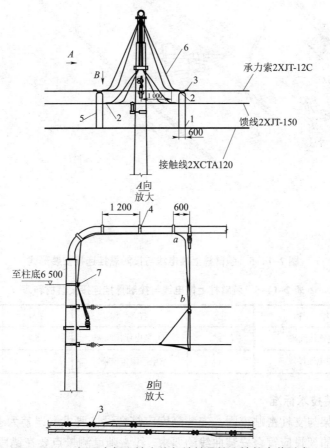

图 2-14-4　门形支架上馈电线与接触悬挂连接的安装形式

表 2–14–4　门形支架上馈电线与接触悬挂连接安装材料表

序号	名　称	序号	名　称	序号	名　称
1	电连接线夹	4	电缆固定卡箍	7	电缆抱箍
2	D_3 型电连接线夹	5	120 mm² 软铜绞线		
3	D_4 型电连接线夹	6	150 mm² 软电缆		

5. 腕臂柱上馈电线与接触悬挂的连接

腕臂柱上馈电线与接触悬挂的连接也是用软电缆通过 D 型电连接线夹和直式电连接线夹与接触悬挂连接的。腕臂柱上馈电线与接触悬挂连接安装形式如图 2–14–5 所示，其安装材料表见表 2–14–5。该图为链形悬挂与辅助馈线的连接安装。软电缆的连接处应剥皮，不能划伤导线。每套固定卡箍固定一根电缆，另一根电缆从旁绕过，每根电缆上的固定卡箍间距为650 mm。*AB*、*CD* 段电缆安装时应松弛，不影响腕臂转动为宜。

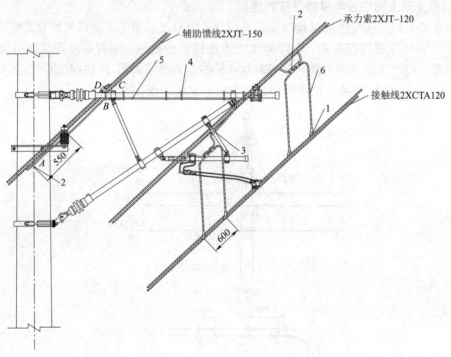

图 2–14–5　腕臂柱上馈电线与接触悬挂连接安装形式

表 2–14–5　腕臂柱上馈电线与接触悬挂连接安装材料表

序号	名　称	序号	名　称	序号	名　称
1	电连接线夹	3	D_4 型电连接线夹	5	150 mm² 软电缆
2	D_3 型电连接线夹	4	电缆固定卡箍	6	120 mm² 软铜绞线

6. 馈电线安装技术标准

① 馈电线肩架与支柱密贴牢固，安装高度应符合设计要求，误差为±30 mm。

② 附加导线的架设应符合安装曲线的要求。线索弛度测量点要在锚段的中部，测量跨距

不少于 2 跨。

③ 线索在展放过程中不应发生摩擦、断股、背扣等现象，发现缺陷和损伤时应及时做出明显标记，以便处理。

④ 馈线肩架带电部分对接地体的绝缘距离不小于 150 mm，困难情况下不小于 115 mm。馈电线的架设方法与电气化铁路接触网附加导线的架设方法相同，不再赘述。

2.14.2　架空地线

1. 架空地线的作用

架空地线属于保护线，正常情况下把泄漏电流引回变电所负极，或在绝缘子击穿时把短路电流引到变电所负极，使保护装置动作、切断电源。在地面区段，由于架空地线架设于柱顶，所以还起避雷线的作用。

2. 架空地线的架设形式

（1）架空地线在地下段架设形式如图 2–14–6 所示。

图 2–14–6　架空地线在地下段架设形式

架空地线通过连接线夹固定在绝缘子底座上，馈电线通过连接固定线夹固定在绝缘子顶上。

（2）架空地线在隧道顶的对向下锚安装形式如图 2–14–7 所示。

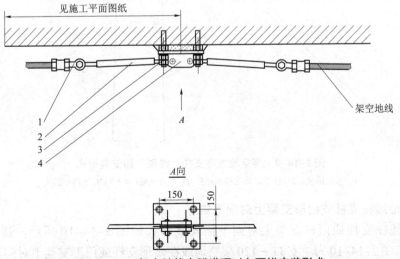

图 2–14–7　架空地线在隧道顶对向下锚安装形式

1—T 形终锚线夹；2—调整螺栓；3—M16 锚栓；4—架空地线对向下锚安装底座

3. 架空地线在吊柱上的安装

架空地线在吊柱上的安装形式如图 2–14–8 所示。肩架距吊柱底面最小距离为 200 mm。

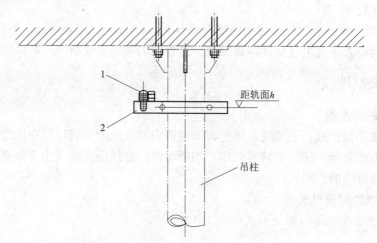

图 2–14–8　架空地线在吊柱上的安装形式
1—地线线夹；2—吊柱单边架空地线肩架

4. 架空地线在支柱上终端下锚

架空地线在支柱上终端下锚安装形式如图 2–14–9 所示。图 2–14–9 为单支 JT—120 架空地线在锥形钢柱或门形支架上下锚的安装。

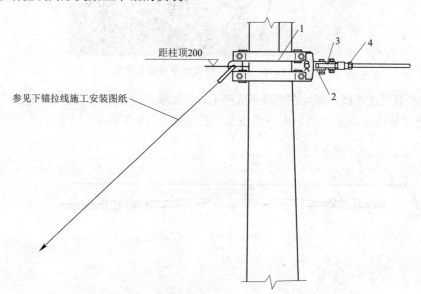

图 2–14–9　架空地线在支柱上终端下锚安装形式
1—承锚抱箍；2—D 型单耳连接器；3—D$_2$ 型双联板；4—T120 型终锚线夹

5. 架空地线在支柱或门形支架上对向下锚

架空地线在支柱或门形支架上对向下锚安装形式如图 2–14–10 所示，其安装材料表见表 2–14–6。图 2–14–10 为单支 JT—120 架空地线在锥形支柱或门形支架上对向下锚的安装，对向承锚抱箍安装高度是零件对向承锚抱箍水平中心线的高度，跳线安装在鞍子线槽中。

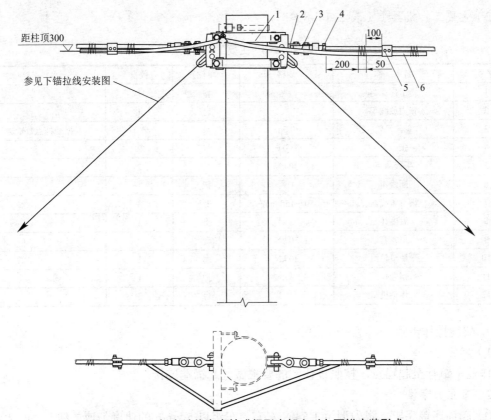

图 2-14-10　架空地线在支柱或门形支架上对向下锚安装形式

表 2-14-6　架空地线在支柱或门形支架上对向下锚安装材料表

序号	名　称	序号	名　称	序号	名　称
1	对向承锚抱箍	3	D₂ 型双联板	5	D₂ 型电连接线夹
2	D 型单耳连接器	4	T120 型终锚线夹	6	跳线

$$D_2, T120, D_2$$

架设馈电线及架空地线前的准备工作：架线前检查上一道工序的工程数量和质量是否符合架线要求，包括安装肩架是否齐全、牢固；检查架线区段对有影响架线的其他设施是否妥善处理。按架空地线锚段长度准备线盘，线盘应编号，书写锚段号及起、落锚杆号等。

6. 劳动组织及工、机具

1）人员组织（见表 2-14-7）

表 2-14-7　人员组织

序号	施工人员	单位	数量	备　注
1	技术人员	人	1	负责技术与质量
2	工　长	人	1	组织及协调现场施工
3	技术工人	人	6	
4	架线车司机	人	3	
5	安全员	人	1	负责安全瞭望、安全检查、安全提醒

2）主要工、机具（见表 2-14-8）

表 2-14-8　主要工、机具

序号	名　称	规格	单位	数量	备　注
1	牵引作业车		台	1	
2	张力放线车		台	1	
3	悬挂滑轮	0.5 t	只	若干	据悬挂点数量定
4	张力表	3.0 t	只	2	
5	手扳葫芦	30 kN	只	2	
6	断线钳		把	1	
7	楔形紧线器	50～150 mm^2	套	3	
8	温度计		支	1	
9	尼龙套	30 kN	套	2	
10	平衡滑轮组	30 kN	套	1	
11	钢卷尺	5 m	把	1	
12	步话机		台	3	

7. 架线操作步骤

1）起锚

作业车组行至起锚点，按照设计图的要求做好起锚端连接。

2）带张力架设

① 起锚连接完毕，张力调至 1.5 kN 左右，车组以 5 km/h 的速度匀速放线。

② 在各悬挂点挂放线滑轮，将地线放于铝滑轮内，保证绞线能够无障碍自由滑动。

③ 张力调整从起锚点开始，地面段在有下锚拉线的支柱上按照设计张力紧线调整一次，隧道段每隔 100 m 按设计张力紧线调整一次。

3）紧线

① 架线车组行至落锚点前平稳停车。

② 测出现场温度，根据施工设计图纸查出紧线张力值开始紧线，张力达到设计值时，用钢线卡子、辅助绳将地线临时固定。地线临时下锚固定示意图如图 2-14-11 所示。

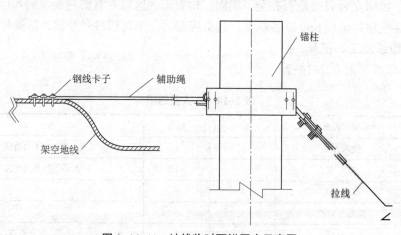

图 2-14-11　地线临时下锚固定示意图

4）地线下锚

① 张力调整完毕，将地线分别安装在线夹内。

② 按设计图纸要求连接好各零部件。

5）注意事项

① 架设地线时应平缓，不能出现大的折角。

② 架线车辆的行驶速度不得大于 5 km/h，行驶应平稳。

③ 在曲线区段架设地线、调整过程中，所有人员应站在曲线外侧。

6）架设地线技术标准

① 架空地线不得有两股以上的断股，一个耐张段内，断股补强处数和接头处数均不超过一个。

② 架空地线的弛度应符合安装曲线；架空地线以及连接金具距带电体不得小于 150 mm；距动态时受电弓的距离不小于 100 mm。

③ 螺栓紧固力矩应符合要求。架空地线下锚处调整螺栓长度处于许可范围内，并有不少于 30 mm 的调节余量。

2.14.3　均、回流装置

（1）回流装置是连接回流钢轨与变电所负极的装置，是牵引电流回到变电所的主通道。

（2）均流装置是连接上、下行钢轨的回流装置。它起减小回流电阻及降低钢轨电位的作用。均流装置和回流装置都由支持绝缘子、电缆、铜排、底座组成。其区别在于功能和电缆数量的不同。均流电缆、回流电缆与钢轨的连接都采用放热焊接。均、回流装置安装实物图如图 2-14-12 所示。

图 2-14-12　均、回流装置安装实物图

（3）均、回流电缆敷设及箱体安装要求。

① 均、回流电缆安装位置应符合设计要求。电缆与钢轨的焊接应牢靠。

② 电缆在垂直或超过 45° 倾斜敷设时应按规范要求进行固定。

③ 水平敷设的电缆在转弯处应加以固定。当设计对电缆间距有要求时，每隔 800 mm 用电缆固定卡固定一次。

④ 聚氯乙烯绝缘电缆敷设的最小弯曲半径应是电缆直径的 10 倍值。

⑤ 电缆头的制作应符合设计规定。

⑥ 金属电缆支架和电缆保护管的接地应可靠，电缆保护管的管口应用防火泥封堵严密。

⑦ 箱体接地部分应通过 5 mm×50 mm 的接地扁铜或一根单芯 150 mm² 软电缆可靠连接至附近环网支架的接地扁钢上。

⑧ 回流箱安装位置符合设计要求，安装应牢靠。

⑨ 回流箱基础预埋件所有焊接应牢固，焊接饱满，不应有裂纹、气孔及脱焊现象，更不得有假焊或漏焊现象。

本 章 小 结

（1）支柱是用来承受接触悬挂及支持装置负荷，并将其负荷传递给基础或大地，把接触悬挂固定在规定高度上的接触网设备。接触网支柱按其材质不同，大致可分为预应力钢筋混凝土支柱和钢柱两大类。

（2）支持定位装置包括：腕臂支持定位装置、硬横跨、隧道吊柱等。

（3）绝缘子可分为腕臂棒式绝缘子、下锚悬式绝缘子、柱式绝缘子、复合悬式绝缘子等。

（4）腕臂支持定位装置设计时一般要考虑以下几个因素。

① 接触线工作高度：接触线底面至两轨面连线的铅垂距离。用 H 表示，单位为 mm。

② 接触线的拉出值：在定位点处受电弓中心至接触线的距离。拉出值一般为±200 mm，最大不超过 250 mm。

③ 结构高度：在链形悬挂的悬挂点处，承力索与接触线的垂直距离。一般在 800～1 400 mm。

④ 支柱的侧面限界：在邻近轨面连线高度处，支柱内缘与线路中心线的水平距离。

⑤ 最小绝缘间隙：带电体到接地体的静态最小值为 150 mm（困难时 115 mm），动态最小值为 100 mm。

（5）腕臂支持定位装置的结构形式有：中间柱的装配、转换柱的装配、道岔柱的装配。

（6）硬横跨是多股道接触悬挂横向支持装置，由横跨多股道的两根支柱、硬横梁、上下部定位索、绝缘子等组成。硬横跨的结构形式比较复杂。每组硬横跨是由若干个节点组合而成的，链形悬挂与简单悬挂的结构形式不相同。

（7）拉线的作用：平衡线索的下锚力，保持支柱稳固。拉线一般由下锚角钢、拉线、基础及拉杆等几部分组成。拉线的结构形式有 D 型、QY 型、QW 型和钢绞线拉线几种。

（8）补偿装置由补偿器和补偿制动装置组成。补偿器是一种自动调整线索张力的装置，当气温变化时，线索要伸长或缩短，而保持线索的张力不变，使接触悬挂具有良好的工作状态。补偿装置的结构形式有：双承力索（或双接触线）下锚补偿、单承力索和单接触线下锚补偿。

（9）锚段及锚段关节：根据机械和供电方面的要求，将接触网分成若干个独立的分段，这些独立的分段称为锚段。两个纵向相邻锚段的衔接部分称为锚段关节。锚段关节又有非绝缘锚段关节和绝缘锚段关节之分。了解锚段关节的结构形式及技术要求。

（10）电连接的作用：导通电流或并联供电，增大导线截面，减小电阻，降低能耗。电连接的种类：横向电连接、道岔电连接、锚段关节电连接、股道电连接、隔离开关电连接和避雷器电连接。承力索的作用：通过吊弦承受接触线的重量，与接触线并联供电，同时，保证接触线对轨面相对高度。接触线的作用：在复杂的环境中，良好地向电力动车组输送电流。掌握架设承力索、接触线的操作步骤。

（11）接触网施工图包括平面布置图、安装图、零件图等。

接触网平面布置图分为：站场平面图、区间平面图、隧道平面图。接触网安装图一般分为：腕臂支持定位装置、设备、附加悬挂等安装图。另外还有接触网平面布置图及图例。

（12）接触网支柱、基础的定位测量有纵向测量和横向测量。

（13）承力索与接触线的放线步骤是起锚、张力放线、落锚。

（14）吊弦是链形悬挂中承力索和接触线间的连接部件。作用是把接触线悬吊在承力索上。同时，还起到将承力索与接触线导通电流并联供电。类型有单线整体吊弦、双线整体吊弦。掌握计算吊弦间距和长度、安装技术要求。

（15）中心锚结：两端设有补偿器的锚段中部，为防止接触悬挂向一侧位移，将接触线固定到承力索上，同时将承力索固定到相邻支柱上，这种悬挂固定装置称为中心锚结。结构形式有：单接触线、双承力索中心锚结；双接触线、双承力索中心锚结。掌握中心锚结安装技术要求。

（16）了解悬挂调整的方法和步骤，技术要求；锚段关节的调整方法；补偿装置的安装调整步骤、技术要求。

（17）线岔的交叉形式分为 D 型、DS 型、SS 型三种。掌握线岔的定位及技术要求。

（18）分段绝缘器的设置位置和作用：在电气化区段的机车整备线上、电力机车车库线上，正线在上下行渡线及侧线等处。为了保证工作人员的作业方便及人身安全，增加接触网供电的灵活性，将接触网在供电方面分成独立的区段。类型有：滑道式菱形和轻型两种。掌握安装操作步骤及技术要求。

（19）隔离开关的作用：在接触网电分段处需要设置隔离开关，以实现对电分段设备和线路的控制，满足检修和停电作业的要求，使供电更加安全、灵活。隔离开关分为：电动和手动两种；手动隔离开关又分为带接地闸刀和不带接地闸刀两种。掌握安装、调整操作步骤及技术要求。

（20）避雷器的作用：防止电器设备遭受过电压破坏的保护装置。种类有：脱扣式氧化锌和不带脱扣式氧化锌两种。有区间腕臂支柱上安装和隔离开关支柱上安装两种形式。

（21）馈电线的安装形式：钢柱及门形支架上安装、双支馈线在支柱上并联下锚安装、双支馈线在支柱上并联对向下锚安装、门形支架上馈电线与接触悬挂连接、腕臂柱上馈电线与接触悬挂连接几种形式。馈电线的作用：减小接触网电阻，提高供电末端电压。

（22）架设附加悬挂包括馈电线，架空地线，均、回流装置。

（23）架空地线及作用：架空地线属于保护线，在绝缘子击穿时把短路电流引到变电所负极，使保护装置动作、切断电源。安装形式有：地下段架设、隧道顶对向下锚、地上段架设、在支柱或门形支架上对向下锚几种。

（24）均、回流装置的作用：回流装置是连接回流轨道与变电所负极的装置，是牵引回流回到变电所的主通道。均流装置是连接上下行回流轨的装置，它起减小回流电阻及降低钢轨电位的作用。

思 考 题

（1）支柱的作用是什么？按其材质分为哪几种？

（2）支柱、基础定位测量的操作步骤及方法是什么？

（3）安装调整支柱的技术要求是什么？

（4）支持定位装置有哪几种？

（5）绝缘子按用途可分为哪些种类？

（6）腕臂支持与定位装置设计时一般要考虑哪几个因素？

（7）接触网施工图包括哪几种？

（8）什么是硬横跨？由哪几部分组成？

（9）拉线的作用是什么？

（10）补偿装置的作用是什么？

（11）悬挂调整的方法是什么？

（12）吊弦的作用是什么？

（13）中心锚结的作用是什么？安装技术要求有哪些？

（14）画出锚段关节的结构示意图？

（15）电连接的作用是什么？种类有哪些？

（16）线岔的交叉形式有哪几种？线岔的定位及技术要求有哪些？

（17）隔离开关的作用是什么？

（18）锚段关节的调整方法是什么？

（19）分段绝缘器的类型有几种？

（20）架设附加悬挂包括哪些内容？

（21）馈电线的作用是什么？

（22）架空地线的作用是什么？

（23）均、回流装置的作用是什么？均、回流电缆敷设及箱体安装要求有哪些？

第3章　刚性悬挂接触网

☞ 学习目标

（1）了解刚性悬挂接触网的特点和组成。
（2）懂得刚性悬挂主要组成部分、汇流排的种类。
（3）熟记刚性接触网的图例，能够识读平面图。
（4）掌握刚性接触网纵向测量和横向测量的方法。
（5）了解支持定位装置的结构形式。
（6）掌握汇流排的安装方法。
（7）了解锚段关节和线岔的结构，掌握其技术要求。
（8）理解线岔的安装方法。
（9）掌握导线架设的操作步骤。
（10）掌握悬挂调整的内容及三个步骤，了解调整技术要求。
（11）了解中心锚结的结构，掌握安装方法和技术要求。
（12）懂得电连接的种类，掌握安装方法和技术要求。
（13）掌握刚柔过渡结构形式、安装方法及技术要求。
（14）掌握分段绝缘器的结构、安装方法及技术要求。
（15）理解刚性悬挂的接地形式、安装方法及技术要求。
（16）学会各种标志牌的制作和安装要求。

3.1　刚性悬挂接触网的组成与特点

3.1.1　刚性悬挂接触网的组成

刚性悬挂接触网主要由接触悬挂、支持定位装置、绝缘部件及架空地线等部分组成。

1. 接触悬挂

接触悬挂由汇流排、接触线等组成。整个悬挂布置成正弦波的形状，一个锚段形成一个正弦波，各悬挂点拉出值不大于 200 mm。刚性悬挂布置示意图如图 3-1-1 所示。

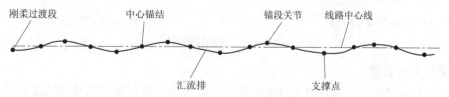

图 3-1-1　刚性悬挂布置示意图

1）汇流排

汇流排用来夹持固定接触线，承载和传输电能。汇流排一般用铝合金材料制成，分为 Π 形和 T 形两种结构形式，如图 3-1-2 所示。本节以 Π 形汇流排为讲解对象。

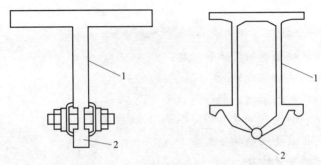

图 3-1-2　T 形和 Π 形汇流排结构图

1—汇流排；2—接触线

Π 形汇流排包括标准型汇流排、汇流排终端及切槽式汇流排。标准型汇流排一般有 PAC110 和 PAC80 两种，是刚性接触悬挂的主要组成部分，其长度一般为 12 m。

汇流排终端用于锚段关节、线岔及刚柔过渡处；其作用是使受电弓在锚段关节、线岔和刚柔过渡处能够平滑、顺畅地过渡。其长度为 7.5 m。

2）接触线

接触线一般采用银铜导线，与柔性接触悬挂所采用的接触导线相同或相似。接触线截面图如图 3-1-3 所示，截面积一般为 120 mm² 或 150 mm²。接触线镶嵌于 Π 形汇流排上，与汇流排组成接触悬挂。

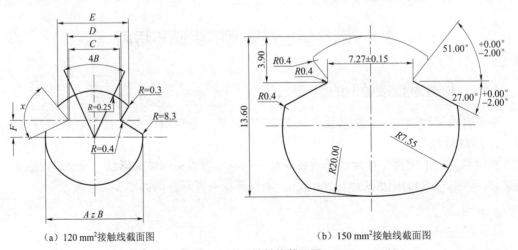

（a）120 mm²接触线截面图　　　　　（b）150 mm²接触线截面图

图 3-1-3　接触线截面图

2. 支持定位装置

支持定位装置的作用是通过绝缘子把汇流排、接触线等固定在隧道顶或隧道壁上。其安装形式主要为 Π 形结构形式。Π 形刚性悬挂示意图如图 3-1-4 所示。

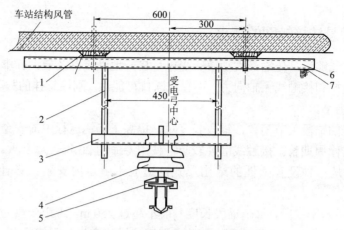

图 3-1-4　Ⅱ形刚性悬挂示意图

1—螺杆锚栓；2—T 形头螺栓；3—悬吊槽钢；4—针式绝缘子；5—汇流排；
6—悬吊安装底座；7—120 型地线线夹

3. 绝缘部件

绝缘部件一般采用泄漏距离不小于 250 mm 的表面上釉的瓷质柱式绝缘子。

柱式绝缘子下部为内胶装的 M16 内螺纹式不锈钢附件，上部为内胶装的 M16 外露螺杆，外露螺纹有效长度为 55 mm，螺杆材质为不锈钢。柱式绝缘子示意图如图 3-1-5 所示。

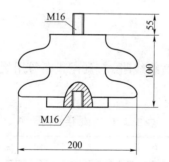

图 3-1-5　柱式绝缘子示意图

4. 架空地线

架空地线在隧道内吊柱上的下锚如图 3-1-6 所示。

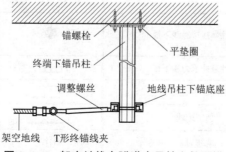

图 3-1-6　架空地线在隧道内吊柱上的下锚

3.1.2 刚性悬挂接触网的特点

① 刚性悬挂能够满足传输最大功率、受电弓良好地受流以及最大行车速度的要求。

② 刚性汇流排和接触线无轴向力，不存在断排可能性；刚性悬挂的故障是点故障，所以刚性悬挂事故范围小。

③ 刚性悬挂的锚段关节简单，锚段长度短，提高了车辆运行中的安全性和适应性。

④ 受电弓维修周期长。接触线磨耗较小，使用寿命约 20 年。

刚性接触网是一种没有弹性的结构形式，适应于隧道内安装，设计速度一般不大于 160 km/h。

刚性悬挂分成若干锚段，每个锚段长度一般不超过 250 m，跨距一般为 6~12 m，与行车速度有密切的关系。表 3-1-1 列出了 PAC110 型汇流排速度与跨距的关系。

表 3-1-1　PAC110 型汇流排速度与跨距的关系

速度/（km/h）	60	70	80	90	100	110	120
跨距/m	12	11	10	9	8	7	6

3.2　识读图纸

3.2.1　刚性接触网图例

在接触网平面布置图中，将铁路线路、接触网设备等用规定的图例符号来表示。表 3-2-1 列出了刚性接触网图例。

表 3-2-1　刚性接触网图例

图　例	名　称	图　例	名　称
	电连接线		刚性悬挂汇流排
	柔性悬挂点		刚性悬挂一般悬挂点
	柔性悬挂接触线下锚		刚性悬挂关键悬挂点
	柔性悬挂承力索下锚		切槽式汇流排
	线路中心线		刚性悬挂电连接
	架空地线		中心锚结
	地线肩架		分段绝缘器
	架空地线下锚		

3.2.2 刚性悬挂接触网平面图

1. 刚性悬挂接触网平面图的作用

平面图可以表示出整个接触网的平面布置情况，如线路走向、下锚位置、锚段关节、悬挂点、跨距、悬挂编号、隧道类型等相关信息。

2. 刚性悬挂接触网平面图的组成

（1）平面布置：标注出跨距、锚段长度、锚段关节、中心锚结、公里标等。

（2）表格栏：包括隧道类型、悬挂点编号、地线安装、各种安装图号等。

（3）数量统计表：包括汇流排、接触线、架空地线、悬挂点等数量的统计。

（4）说明：对设计依据、净空要求、图例符号、悬挂类型、悬挂高度进行解释。

（5）图标：包括图纸名称、设计单位、设计人员、设计日期、设计比例等内容。

3. 读图的一般规则

识读平面图有一定的规律可循，首先要看准名称、图号，在说明中知道悬挂类型及高度，一般是从左到右，从上行到下行。再看锚段编号及长度。找到悬挂点的位置，从上下相对应表格中读出定位点的编号、设备的安装位置、安装图号、中心锚结的安装位置、拉出值、隧道类型等相关信息。

3.3 施 工 测 量

刚性悬挂接触网施工从测量开始，测量分纵向测量和横向测量。

3.3.1 劳动组织

1）人员组织（见表 3–1–1）

表 3–3–1 人员组织

序号	人员	单位	数量	备 注
1	主管工程师	人	1	负责技术和质量
2	测量人员	人	4	
3	安全员	人	1	负责安全瞭望、安全检查、安全提醒

2）主要工、机具（见表 3–3–2）

表 3–3–2 主要工、机具

序号	名称	单位	数量	备 注
1	激光测量仪	套	3	
2	粉 笔	盒	1	
3	红油漆及画笔	桶	3	
4	钢卷尺	套	1	

序号	名称	单位	数量	备注
5	专用测量车梯	台	2	
6	水平尺、线坠	把（个）	各2	
7	测量模板	套	2	
8	钢筋探测仪	台	1	

3.3.2 纵向测量

1. 操作步骤

① 以道岔岔心标为起测点开始测量。对于 1/9 道岔，道岔定位点为两线间距 200 mm 处。

② 根据悬挂点的跨距，测量出第二个悬挂点的位置，用粉笔或油漆在钢轨腰和枕木上做"+"字标记，并在隧道壁上注明锚段和悬挂定位编号。

③ 沿钢轨依次测量标记出各定位点的位置，在曲线区段上沿外侧进行钢轨测量。

④ 一个锚段测量完后，要对锚段长度复核。

2. 技术要求

① 测量时要使用钢卷尺，严禁使用皮卷尺。

② 在曲线区段上应沿外轨测量。

③ 测量中遇缝隙等情况时，调整跨距（允许误差为 ±500 mm）并做好记录，报设计和监理工程师确认。

3. 注意事项

① 测量时要注意保证测量的精确度，以实际里程标记随时校核测量结果，以防产生积累偏差。

② 除在钢轨侧面做好测量标记外，还要在对应轨枕上做上标记。

3.3.3 横向测量

1. 操作步骤

① 将激光测量仪道尺放在钢轨的纵向标记上，并且垂直于线路中心线。

② 将激光测量仪移至"0"刻度位，开启开关，激光束照在隧道顶上的位置为受电弓的中心位置，一人站在车梯上，在隧道顶上标记出受电弓中心位置，记为"×"。

③ 根据悬挂点的孔位、中锚底座、下锚底座等的中心线距受电弓中心的偏移值，将激光测量仪移至相应的偏移刻度处，在隧道上定各底座的中心位置，并做好标记。

④ 在车梯上，用专用模板测量出两个以上钻孔的位置。

⑤ 用激光测量仪测出隧道的净空高度、曲线区段的轨道超高等数据，为悬挂安装提供依据。

2. 技术要求

① 用激光测量仪测量要确保测量精度。同时测出隧道距轨面的高度，激光束垂直于两轨面连线，其垂直偏差不得大于 1‰。

② 测量定位点时应避开隧道伸缩缝、漏水等部位。但不应超过最大设计跨距值、相邻跨距比等设计要求。

③ 道岔处、交叉渡线处、锚段关节处、分段绝缘器处悬挂定位点的纵向标记，垂直于隧道顶部横向标记，要用线坠进行复核。激光测量仪横向定位测量示意图如图 3–3–1 所示。

④ 横向测量时使用钢筋探测仪探测钢筋分布情况，以使钻孔孔位避开钢筋位置。

⑤ 两孔以上的底座，要制作出各种配套专用模板，并标出中心位置，用套模确定出钻孔的位置。

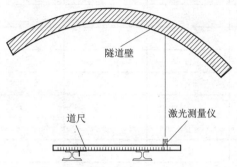

隧道壁

道尺　　激光测量仪

图 3–3–1　激光测量仪横向定位测量示意图

3. 注意事项

① 在测量时注意观察沿线是否有影响接触网安装的设备。

② 测量时检查车站结构、风管底板厚度是否符合设计要求，是否满足钻孔安装要求。

③ 测量结束后清理包装物、下脚料等杂物，恢复施工前现场的原样。

3.4　钻孔与安装锚栓

3.4.1　劳动组织

1）人员组织（见表 3–4–1）

表 3–4–1　人员组织

序号	人员	单位	数量	备　注
1	技术人员	人	1	负责技术和质量
2	工长	人	1	组织及协调现场施工
3	技术工人	人	6	
4	安全员	人	1	负责安全瞭望、安全检查、安全提醒

2）主要工、机具（见表 3–4–2）

表 3–4–2　主要工、机具

序号	名称	单位	数量	备　注
1	车梯	台	1	

续表

序号	名称	单位	数量	备注
2	钢卷尺	把	1	现场测量
3	冲击电钻	台	2	钻孔，灌注
4	钻头	套	1	与打孔型号匹配
5	吹风机	套	1	
6	钢筋探测仪	套	1	探测钢筋
7	照明设备	套	1	
8	线盘	个	1	接电源用
9	金刚钻机	台	1	
10	激光测量仪	套	1	
11	钻孔模板	个	2	与孔型一致
12	灌注安装工具	套	1	安装化学螺栓
13	清孔毛刷	套	1	
14	清孔气囊	套	1	
15	螺栓拉力测试仪	套	1	测试螺栓拉力

3.4.2　隧道内钻孔

1. 操作步骤

① 根据测量数据，编制悬挂钻孔类型表并注明技术要求。

② 按照悬挂钻孔类型选用冲击钻头和钻孔模板，根据钻孔深度确定钻头长度。钻头长度测量实物图如图 3-4-1 所示。

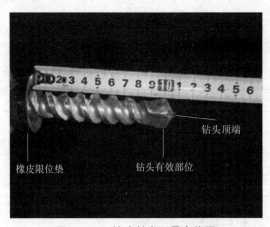

图 3-4-1　钻头长度测量实物图

③ 按照测量标记，用钻孔模板在孔位上钻出 3～5 mm 的凹槽，取下模板，一人手持冲击电钻开始钻孔，一人握吹风机将尘屑吹向无人侧。

④ 钻孔完成后，检查孔深、孔距等尺寸并做好记录。

2. 技术要求

① 两个孔位以上的底座都要使用模板钻孔。

② 根据钻孔类型表选用钻头。

③ 严格按设计孔深和角度进行钻孔。

④ 钻孔时，要使用钢筋探测仪探明钢筋分布。若碰到钢筋，可顺线路位移 4~5 cm 重新定位。

⑤ 钻孔时应避开隧道伸缩缝、漏水等部位。

3. 注意事项

① 无法连接电源的区段要自配发电机供电。

② 车梯上作业时系好安全带，所有施工人员必须带好证件，戴好安全帽。

③ 施工结束后清理包装物、下脚料等杂物，恢复施工前现场的原样。

3.4.3　安装锚栓

1. 操作步骤

① 先用清孔毛刷、清孔气囊清除孔屑。

② 化学药剂锚栓按锚栓选型表对号选用。安装化学药剂时，先将化学药剂放入孔中，用冲击钻以 750 r/min 的钻速将锚栓旋入。稳定 5 min 后撤下电钻。

③ 安装膨胀式锚栓时，使用专用安装工具，按设计紧固力矩安装到位，可通过锚栓上安装标记查验是否正确。

2. 技术要求

① 按照设计规定的安装方法和标准，正确安装锚栓；锚栓的规格型号、埋设深度符合设计要求；按照各种锚栓的扭矩标准，正确使用扭矩扳手。

② 安装前应清除孔屑。

③ 化学药剂锚栓在树脂完全硬化之前，严禁触动。螺纹外露部分应涂油防腐。

④ 化学药剂锚栓如遇湿孔时，水要排出钻孔，并擦干孔壁。

⑤ 锚栓螺纹完好，镀锌层完好，化学药剂锚栓孔填充密实。

3. 注意事项

① 化学药剂应在常温下储存，使用前应检查其是否在有效期内。

② 安装化学药剂锚栓前必须清除孔屑。

③ 施工结束后清理包装物、下脚料等杂物，恢复施工前现场的原样。

表 3-4-3 列出了埋入杆件位置施工允许偏差。

表 3-4-3　埋入杆件位置施工允许偏差

项　　目	允许偏差/mm	备　　注
后切底锚栓深度	−2/+2	隧道拱部允许−3/+2
化学药剂锚栓深度	−3/+5	
后切底锚栓钢套管相对深度	0/+1	
成组杆件中心垂直线路方向	±20	
成组杆件个体相对间距	±2	或不超出安装孔范围

续表

项　目	允许偏差/mm	备　注
成组杆件横向布置时其轴线应与线路中心线垂直，纵向布置时其轴线应与线路中心线平行	≤3°	
杆件对隧道拱壁切线的垂直度或铅垂度	≤1°	刚性悬挂支持装置的埋入杆件顺线路方向铅垂度应以汇流排在线夹内有间隙为原则

3.4.4　测试锚栓拉力

1. 操作步骤

① 在待测锚栓上安装好测试仪。隧道内锚栓拉力测试仪如图 3-4-2 所示。

② 逐渐加大拉力至规定测试值，并保持 3～5 min，如无异常，即通过测试，并做好测试记录。

③ 如锚栓被拉出，应分析并找出原因，并对同一作业批次的锚栓全部进行测试。

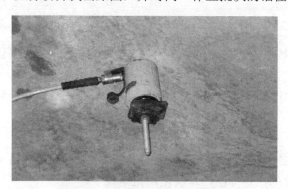

图 3-4-2　隧道内锚栓拉力测试仪

2. 注意事项

① 测试拉力时做好安全防护，防止锚栓拉出、测试仪坠下伤人及损伤仪器。

② 测试完成后清理包装物、下脚料等杂物，恢复施工前现场的原样。

3.4.5　隧道内施工的要求

① 隧道内空间狭小、照明不足，施工前应对照明设施进行检查并确认完好。

② 检查作业车，确认作业架升、降转向等工作状态良好时，方可作业。

③ 施工前，必须把使用的工具、材料备足，并进行检查，防止事故的发生。

④ 确保通信设备完好。每个作业组必须派一名经验丰富的职工进行防护。

⑤ 施工人员要服从指挥，加强施工的对话联系，确保安全施工。

⑥ 隧道内施工时，各种车辆和机具要控制在隧道施工的安全限界内。

3.5　安装支持定位装置

刚性悬挂接触网的支持定位装置主要包括槽钢、定位螺栓、绝缘子、定位线夹等。

3.5.1　支持定位装置的结构形式

支持定位装置的结构根据其安装位置的不同有以下几种形式。

1. 腕臂吊柱结构

腕臂吊柱结构示意图如图 3-5-1 所示，主要由吊柱、腕臂底座、可调节式绝缘腕臂、汇流排定位线夹、汇流排、地线线夹等组成。其特点是调节灵活、外形美观，但结构复杂，成本高。此种结构主要用于隧道净空较高的线路。

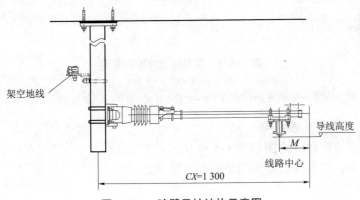

图 3-5-1　腕臂吊柱结构示意图

2. 门形结构

门形结构安装图如图 3-5-2 所示，主要由螺杆锚栓、悬吊槽钢、针式绝缘子和汇流排及定位线夹等组成。其特点是结构简单、可靠，但调节较困难。此种结构大量用于隧道内。

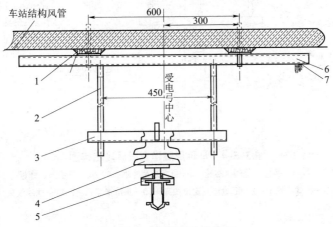

图 3-5-2　门形结构安装图

1—螺杆锚栓；2—T 形头螺栓；3—悬吊槽钢；4—针式绝缘子；
5—汇流排及定位线夹；6—悬吊安装底座；7—地线线夹

3. 圆形隧道结构

圆形隧道结构安装图如图 3-5-3 所示，主要由锚栓、单支悬吊槽钢、刚性悬挂绝缘子、汇流排及定位线夹等组成。

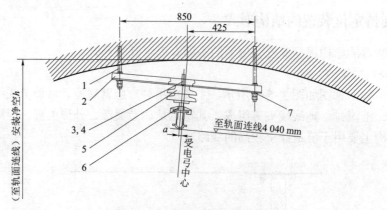

图 3-5-3 圆形隧道结构安装图

1—锚栓；2—单支悬吊槽钢；3—平垫圈；4—螺母；

5—刚性悬挂绝缘子；6—汇流排及定位线夹；7—斜垫片

4. 马蹄形隧道直线区段结构

马蹄形隧道直线区段结构图如图 3-5-4 所示，主要由螺栓、单支悬吊槽钢、针式绝缘子、汇流排及定位线夹、悬吊安装底座和地线线夹等组成。

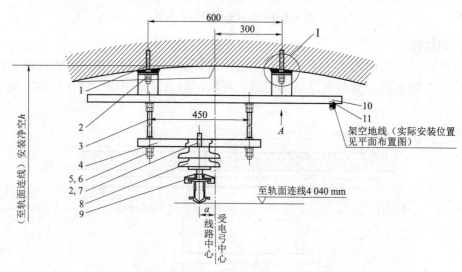

图 3-5-4 马蹄形隧道直线区段结构图

1，2，3—螺栓、垫圈、螺栓；4—单支悬吊槽钢；5，6，7—垫圈、螺母；

8—针式绝缘子；9—汇流排及定位线夹；10—悬吊安装底座；11—地线线夹

5. 高净空隧道安装结构

高净空隧道安装结构图如图 3-5-5 所示，主要由螺栓、吊柱、悬吊槽钢、针式绝缘子、汇流排及定位线夹、悬吊底座、地线线夹等组成。

6. 低净空安装结构

低净空安装结构图如图 3-5-6 所示，主要由螺杆锚栓、绝缘横撑、汇流排及定位线夹等组成，应用于净空小于 4 400 mm 的隧道。其特点是安装空间小、结构简单、可靠。

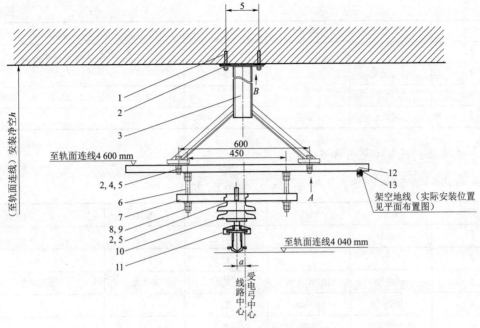

图 3-5-5　高净空隧道安装结构图

1，2—螺栓、垫圈；3—吊柱；4，5，6—螺栓、螺母；7—悬吊槽钢；8，9—垫圈、螺母；
10—针式绝缘子；11—汇流排及定位线夹；12—悬吊底座；13—地线线夹

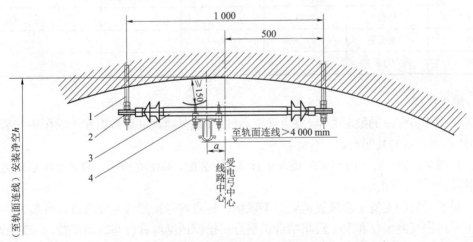

图 3-5-6　低净空安装结构图

1—螺杆锚栓；2—平垫圈；3—绝缘横撑；4—汇流排及定位线夹

3.5.2　支持定位装置的安装

1. 劳动组织

1）人员组织（见表 3-5-1）

表 3-5-1　人员组织

序号	人员	单位	数量	备　注
1	技术人员	人	1	负责技术和质量

续表

序号	人员	单位	数量	备 注
2	工长	人	1	组织及协调现场施工
3	技术工人	人	6	
4	安全员	人	1	负责安全瞭望、安全检查、安全提醒
5	司机	人	2	

2）主要工、机具（见表 3-5-2）

表 3-5-2　主要工、机具

序号	名称	规格	单位	数量	备 注
1	作业车		台	1	
2	车梯		台	1	
3	钢卷尺	10 m, 5 m	把	各 1 把	现场测量
4	水平尺	600 mm	把	1	
5	激光测量仪	PD20	套	1	
6	扳手	10～32 mm	套	2	
7	照明设备		套	1	
8	线盘	50 m	个	1	
9	扭矩扳手		套	1	
10	内六角扳手		把	2	

2. 操作步骤

① 根据测量记录的隧道类型、隧道净空高度、曲线外轨超高等数据和平面图中安装图号，选择悬挂类型，编制装配表。

② 按照装配表、安装图和装配要求进行选型、装配。装配完成后，绝缘子用草袋包扎好，并标注锚段和悬挂点的编号。

③ 将装配好的支持定位装置运至施工现场，逐点对号按照技术要求进行安装。

④ 采用激光测量仪和水平尺相结合调整悬吊槽钢或绝缘杆件与轨面平行，高度初调至设计值。

3. 安装技术要求

① 与隧道壁相贴近的底座，靠隧道壁的接触面上要涂刷防锈漆。

② 安装悬吊底座要水平，安装 T 形头螺栓要正确，将悬吊槽钢调至与轨面平行。

③ 所有调节孔位均应居中安装，以保证充分的调节余量。调整螺栓要有不得小于 15 mm 的调节余量。

④ 安装绝缘子要正确，绝缘子瓷釉表面光滑、清洁，无裂纹、缺釉、斑点、气泡等缺陷，安装牢固可靠。

⑤ 运输和安装悬挂支持定位装置时应轻拿轻放，防止损伤镀锌层和碰伤绝缘子。

4. 安全注意事项

施工后清理包装物、下脚料等杂物，恢复施工前现场的原样。

3.6　锚段关节和线岔

3.6.1　锚段关节

为了缩小停电范围，方便故障查找，灵活安排作业，刚性接触悬挂的锚段设有绝缘锚段关节和非绝缘锚段关节。

1. 绝缘锚段关节

绝缘锚段关节两终端均采用汇流排终端，可防止机车通过刚性悬挂锚段关节时发生打弓、刮弓等事故，保证机车受电弓平稳过渡。两支悬挂间的水平距离为 260 mm，接触线外露长度为 150 mm。绝缘锚段关节结构图如图 3-6-1 所示。隔离开关设在隧道壁上，用电缆将隔离开关与电连接线夹相连接，实行接触悬挂区域的电气分离。

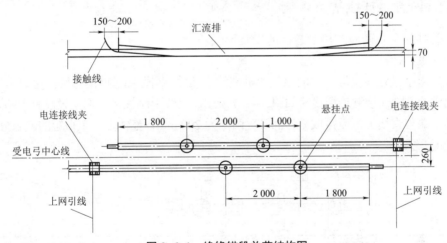

图 3-6-1　绝缘锚段关节结构图

2. 非绝缘锚段关节

非绝缘锚段关节的结构与绝缘锚段关节大致相同。不同点是两支接触悬挂的水平间距为 150 mm；电气连接是直接用五组电连接线来连接。非绝缘锚段关节结构图如图 3-6-2 所示。

3. 锚段关节结构要求

① 非绝缘锚段关节两支悬挂点的拉出值分别为 ±75 mm，两支悬挂之间的距离为 150 mm，允许误差为 ±20 mm。

② 绝缘锚段关节两支悬挂点的拉出值分别为 ±130 mm，两支悬挂之间的距离为 260 mm，允许误差为 ±20 mm。

③ 锚段关节处的两支接触线在关节中间悬挂点处应等高，转换悬挂点处非工作支比工作支高出 0~4 mm。且受电弓在双向通过时应平滑，无撞击和拉弧现象。

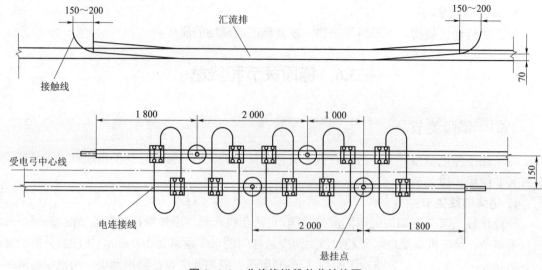

图 3-6-2　非绝缘锚段关节结构图

3.6.2　刚性悬挂线岔

刚性悬挂线岔是两股道接触悬挂的安装形式。

1. 线岔的结构

为保证道岔区正线接触悬挂的电气和机械的连续性，刚性接触网的安装是用一些气隙分段装置来完成的。刚性接触悬挂线岔如图 3-6-3 所示。直线上刚性接触网架设没有中断，岔道上的汇流排末端与直线上汇流排成平行间隙，间隙为 200 mm，整体是一个很短的气隙分段装置，要设置隔离开关。

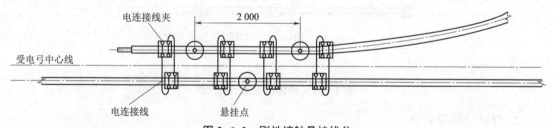

图 3-6-3　刚性接触悬挂线岔

2. 线岔安装要求

①　单开道岔处，两接触悬挂的间距为 200 mm，允许误差为 ±20 mm。平行段长度为 2 000 mm。

②　交叉渡线道岔处的线岔，在交叉渡线处两线路中心的交叉点处，两支悬挂的汇流排中心线分别距交叉点 100 mm，允许误差为 ±20 mm。

③　在线岔的始触区内，两支接触线应等高。

④　在始触点处，侧线接触线应比正线接触线高出 0～4 mm；受电弓双向通过时应平滑无撞击，不应出现固定拉弧点。

⑤　线岔处电连接线、接地线应完整，无遗漏，连接牢固。

3.7　安装汇流排

3.7.1　汇流排终端和中间接头

1. 汇流排终端

汇流排终端一般安装在汇流排的末端，有利于受电弓平滑过渡。

在刚性悬挂的锚段关节、电分段、线岔等处均设置汇流排终端。其截面尺寸与汇流排完全一致，区别在于终端 1 500 mm 长度内向上翘起 70 mm，制造长度为 7 500 mm。汇流排终端示意图如图 3-7-1 所示。

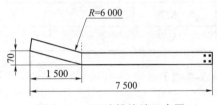

图 3-7-1　汇流排终端示意图

2. 中间接头

汇流排连接使用的中间接头，每个面有 4×2 个 ϕ10 无螺母式六角螺钉，接头时插入汇流排将汇流排中从两边外侧面连接。

汇流排接头主要由汇流排中间接头连接板和无螺母式六角螺钉组成。中间接头示意图如图 3-7-2 所示，用于两根汇流排之间的连接。中间接头实物图如图 3-7-3 所示。被连接的两根汇流排既要保证可靠的机械连接，又要有足够大的接触面积，确保导电性能良好。

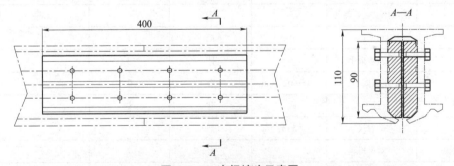

图 3-7-2　中间接头示意图

图 3-7-3　中间接头实物图

3.7.2 汇流排的安装

1. 劳动组织

1）人员组织（见表 3-7-1）

表 3-7-1　人员组织

序号	人员	单位	数量	备　注
1	技术人员	人	1	负责技术和质量
2	工长	人	1	组织及协调现场施工
3	技术工人	人	12	
4	轨道车司机	人	3	
5	安全员	人	1	负责安全瞭望、安全检查、安全提醒

2）主要工、机具（见表 3-7-2）

表 3-7-2　主要工、机具

序号	名称	规格	单位	数量	备　注
1	牵引作业车		台	1	
2	安装汇流排平台		台	2	
3	平板车		台	1	
4	汇流排切割机		台	1	预制汇流排
5	汇流排钻孔工具		套	1	预制汇流排
6	汇流排安装调整器		套	4	
7	水平尺		把	1	
8	内六角扳手		把	4	
9	扭矩扳手	10～60 N·m	套	2	
10	扳手		套	2	
11	钢卷尺	5 m	把	1	
12	对讲机		台	2	
13	车梯		台	1	

2. 预制汇流排的准备工作

① 当一个刚性悬挂锚段的定位装置安装完成后，要对此锚段内的各跨距和锚段长度进行复核。

② 根据温度变化量预留汇流排终端伸缩量，计算汇流排的总长度。

③ 根据预制汇流排长度计算出所需汇流排的根数。

④ 绘制汇流排布置图时，汇流排对接接头与悬挂定位点的距离不得小于 400 mm，防止因为温度变化而发生移动时被定位线夹卡住。

3. 预制汇流排

① 在汇流排专用制作平台上，使用专用切割机具，将长度为 12 m 的汇流排根据需要长度进行切割。汇流排的切割面与汇流排中心线呈 90° 角，且整个截面切割平整，符合汇流排截面尺寸偏差要求。

② 在汇流排端部钻孔时要使用模板。

③ 将两根汇流排对接后接缝应密贴，无错位、偏斜现象。

④ 汇流排编号：按汇流排布置图对配置好的汇流排按顺序依次编号。

4. 汇流排的安装

① 由轨道车牵引两个由平板车组成的汇流排安装作业车组。在平板车作业车上安装作业安装架，平台上设置四组汇流排安装调整器。安装汇流排示意图如图 3-7-4 所示。

② 装卸汇流排时，一定要整箱吊装；单根汇流排搬运时应四个人一组均力抬运。汇流排槽口有变形、损伤、钻孔孔位不正确的不得使用。在调整器上放置汇流排，汇流排平面端向下即开口向上。汇流排按编号顺序放入作业平板上。

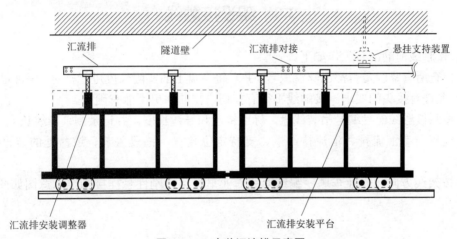

图 3-7-4　安装汇流排示意图

5. 安装汇流排终端

安装汇流排应从关节或分段绝缘器处向两端进行。先在关节悬挂点绝缘子下方安装好汇流排定位线夹，将汇流排终端卡进汇流排定位线夹内，调整汇流排终端头距悬挂定位点的距离。然后紧固汇流排定位线夹，并用锚固线夹卡住，防止汇流排在安装过程中发生偏移。

6. 安装汇流排中间接头

① 将汇流排中间接头装于前端汇流排内，用内六角扳手紧固螺栓，再将汇流排套入中间接头，紧固螺栓，紧固力矩为 16 N·m。

② 在悬挂支持装置上安装汇流排定位线夹，将汇流排卡入汇流排定位线夹内。

③ 作业车行进，对接安装第三根汇流排，依次安装至安装完毕此锚段的汇流排。

3.7.3　安装技术要求

① 锚段内所有悬挂支持装置应安装初调到位。

② 汇流排中间接头接触面清洁，紧固件安装齐全，紧固力矩为 16 N·m。

③ 汇流排对接口应密贴、开口过渡应平滑顺直。连接端缝平均宽度不大于 1 mm。

④ 定位线夹能够水平灵活转动，汇流排在曲线区段或随温度变化时顺线路方向自由滑动。

⑤ 安装分段绝缘器处在三跨内应呈直线状态，不应受曲线力而弯曲。

⑥ 汇流排终端端头距第一悬挂点的距离为 1 800 mm，允许误差为+200 mm、−100 mm。

3.7.4　注意事项

① 作业车两端设置红色闪灯，作业车行进前方要设专人瞭望引导，作业车行进由施工负责人统一指挥。

② 作业平台上所有施工人员必须戴好安全帽，面对作业车行进方向，注意隧道顶上的突出悬挂结构，以防刮伤。

③ 施工完成后清理包装物、下脚料等杂物，恢复施工前现场的原样。

3.8　架设接触线

架设接触线前的准备工作如下。

① 检查所有锚段是否都已配盘编号，并对每个盘上的实际长度进行核对。保证锚段接触线满足不允许有接头的要求。接触线不得有损伤、扭曲，更不能有硬弯。

② 按照接触线配盘编号吊装线盘，标明锚段和导线长度，并记录剩余导线长度。

③ 检查所有汇流排、汇流排终端、支持定位装置、锚段关节、道岔处的装置是否安装完毕。

④ 按架线方向、作业车顺序编组架线作业车。架设刚性悬挂接触线示意图如图 3-8-1 所示。

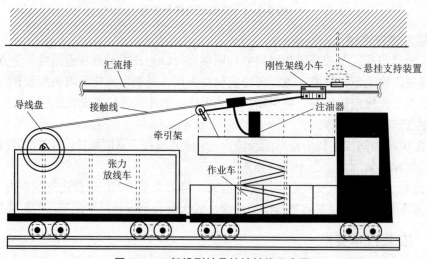

图 3-8-1　架设刚性悬挂接触线示意图

架设接触线是使用架线小车一次安装到位的架设方法。架线小车将接触导线嵌入到汇流排内，以保证架设的接触线平滑自然，不产生硬弯和损伤。在架设过程中，用电动注油器在接触线上注油，以防止铝和铜直接接触产生的电腐蚀。

3.8.1　劳动组织

1）人员组织（见表 3-8-1）

表 3-8-1　人员组织

序号	人员	单位	数量	备　注
1	技术人员	人	1	负责技术和质量
2	工长	人	1	组织及协调现场施工
3	技术工人	人	7	
4	架线车司机	人	3	
5	安全员	人	1	负责安全瞭望、安全检查、安全提醒

2）主要工、机具（见表 3-8-2）

表 3-8-2　主要工、机具

序号	名称	规格	单位	数量	备　注
1	刚性架线小车		件	1	
2	手扳葫芦	1.5 t 系列	件	1	
3	注油器		台	1	
4	排刷		只	4	
5	钢锯		件	1	
6	橡皮锤		件	1	
7	断线钳		把	1	
8	扳手	常用型号	套	2	
9	锉刀		把	2	
10	低净空作业车	216 kW	台	1	
11	张力放线车		台	1	
12	车梯		台	1	

3.8.2　操作步骤

（1）在第一、二个悬挂定位点两端用锚固线夹卡住汇流排，防止汇流排在放线时纵向位移。

（2）安装注油器。

注油器的配置如图 3-8-2 所示。导电油脂套管套在接触线上，用柔性软管与有泵的导电油脂桶相连，电泵将导电油脂压到套管。塑料包围着套管仅允许导电油脂充满接触线沟槽。紧接后面的另一套管（清除器）带走接触线上多余的导电油脂。

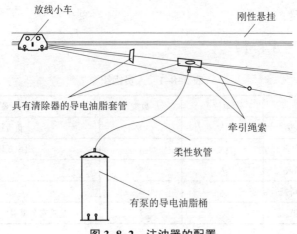

图 3-8-2　注油器的配置

① 在导电油脂桶里装入电泵。

② 用柔性软管连接电泵与导电油脂套管。

③ 用锉将接触线端头的毛刺和棱角锉去，使其平滑，防止损伤导电油脂套管和清除器里的塑料环。

④ 将接触线穿入注油器内。注意，接触线工作面要向下，不得翻转。

⑤ 为了收集多余的导电油脂，在清除器下面安装一个筒，导电油脂能二次使用。

⑥ 若停止架设接触线，要先关闭电泵。否则，导电油脂将继续从套管中流出。

（3）安装放线小车，展放、装嵌导线。

放线小车是将接触线装嵌在汇流排内的专用工具。使用时首先将小车上方两侧的轮子挂在汇流排下方两翼的导台上，然后将小车下方的扩张轮分别按入汇流排导台下侧的人字槽内，再将两扩张轮左右分开，使汇流排的接触线钳口张开，直至接触线能嵌入钳口为止；否则，调整小车下方的螺钉，直至接触线进入钳口内为止。图 3-8-3 所示为放线小车在放线。

图 3-8-3　放线小车在放线

① 在汇流排上安装并调整好架线小车，将接触线从汇流排终端端头嵌入汇流排，用线夹将接触线紧固到汇流排终端上，接触线端头外露出汇流排终端 100～150 mm，并向上弯曲。

② 安装好注油器，启动电动注油装置，把导电油脂注入接触线两凹槽内。注油器始终处于放线小车前方，在接触线上顺畅滑行。

③ 利用牵引装置拉动小车，汇流排钳口随着小车的移动把接触线夹紧，这样接触线便自动地、连续地被装嵌在汇流排钳口内。放线速度不得超过 5 km/h。

④ 放线小车两侧各站一人观察放线情况，如果接触线没有嵌入汇流排内，用橡皮锤轻击，使其入内；严重时停车倒退，调整好调整螺丝后重新放线。

⑤ 架设接触线至汇流排末端时，放线车停车。人工拉动放线小车，把接触线导入汇流排内，用断线钳断开接触线，并用锉刀将端头打磨平整光滑，做好导线端头。

⑥ 从汇流排上卸下放线小车，拆除定位点处临时锚固装置，拧紧终端螺栓。

3.8.3　技术要求

① 接触线嵌入汇流排前必须在两凹槽内均匀注满导电油脂，应无遗漏。

② 导线不得有损伤、扭曲，应无接头、无硬弯。

③ 接触线端头外露出汇流排终端 100～150 mm，并向上弯曲。

④ 分段绝缘器和汇流排终端处导线端头严格按照设计安装技术要求处理，端头平滑顺直，不应碰弓及出现硬点，螺栓紧固力矩符合设计安装技术要求。

3.8.4　注意事项

① 架线小车两端设置红色闪灯，架线小车行进前方专人负责瞭望引导，架线小车行进由施工负责人统一指挥。

② 作业车上所有施工人员必须戴好安全帽，面对架线小车行进方向，注意隧道顶上的突出悬挂结构，以防刮伤。

③ 接触线盘上的杂物应清理干净，不应带入汇流排内。

④ 施工完成后清理包装物、下脚料等杂物，恢复施工前现场的原样。

3.9　安装中心锚结

刚性悬挂接触网在每个锚段中部位置装设中心锚结来防止因温度变化和列车受电弓摩擦所带来的纵向位移。

3.9.1　中心锚结的结构

中心锚结主要由中心锚结线夹、绝缘子、锚栓及下锚底座等组成。

中心锚结一般呈 V 形结构，其结构示意图如图 3-9-1 所示。

3.9.2　中心锚结的安装

安装中心锚结是根据平面图中所示的位置用作业车进行装配的。

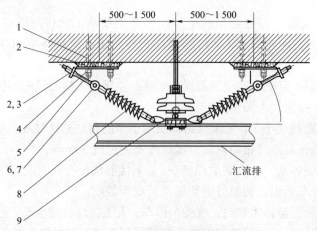

图 3-9-1   中心锚结结构示意图

1—锚栓；2，3—垫片及螺母；4—下锚底座；5—调整螺杆；
6，7—销钉；8—绝缘子；9—中心锚结锚固线夹

1. 劳动组织

1）人员组织（见表 3-9-1）

表 3-9-1   人员组织

序号	人员	单位	数量	备　　注
1	组长	人	1	安装中心锚结作业组织、指挥
2	技术人员	人	1	负责现场安装技术
3	技术工人	人	3	现场安装、调整中心锚结
4	防护	人	2	作业区段两端的安全防护

2）主要工、机具（见表 3-9-2）

表 3-9-2   主要工、机具

序号	名称	规格	单位	数量	备　　注
1	作业车（组）		台		
2	激光测量仪		台	1	
3	电锤		台	1	
4	冲击钻头		根	1	与锚栓型号相应
5	吹尘器		个	1	
6	专用模具		块	1	
7	钢卷尺	5 m	把	1	
8	水平尺	50 mm	把	1	
9	防护灯	闪烁型	套	2	
10	扭矩扳手		个	1	
11	梅花扳手		个	1	
12	线坠		个	1	
13	照明设备		套	若干	

3）材料（见表 3-9-3）

表 3-9-3　材料

序号	名称	规格	单位	数量	备　注
1	中心锚结底座		个	若干	
2	调整螺杆		个	若干	
3	中心锚结绝缘子		kg	若干	
4	中心锚结锚固线夹		kg	若干	
5	螺杆锚栓		kg	若干	
6	导电油脂		kg	若干	

2. 操作步骤

① 刚性悬挂调整到位后，按照平面图中心锚结的位置，沿汇流排测定出中心锚结锚固线夹位置和中心锚结底座位置。

② 用模板进行钻孔，安装中心锚结底座。

③ 在汇流排与中心锚结线夹的接触面均匀涂抹导电油脂；安装中心锚结锚固线夹；安装中心锚结 V 形拉线。V 形拉线两端张力相等，调整螺丝应有足够的调节余量。

④ 调整中心锚结两侧拉线的张力相等，使其轻微拉住汇流排，测量悬挂点处导线的高度，不能使汇流排出现负弛度。

⑤ 安装中心锚结完毕后，拆除所有临时锚固线夹。

3. 技术要求

① 在直线区段，锚结底座中心线位于汇流排中心线的正上方；在曲线区段，锚结底座中心线位于中心锚结在汇流排上锚结线夹处汇流排中心线的延伸线的正上方，误差为 ±30 mm。

② 中心锚结两侧底座中心距悬挂点的距离应相等，其安装误差为 ±50 mm。

③ 中心锚结两侧的拉线张力要相等，且不能使中心锚结处的悬挂出现负弛度；拉线与汇流排的夹角不得大于 45°。

④ 中心锚结绝缘子表面应无损伤，接地端至带电体距离应不小于 150 mm；困难情况不应小于 115 mm。

4. 注意事项

① 中心锚结绝缘子用麻布软袋包裹好，以免在运输和安装中造成损坏。

② 施工结束后清理包装物、下脚料等杂物，恢复施工前现场的原样。

3.10　调整接触悬挂

刚性接触悬挂的调整是从中心锚结开始向两侧进行的。调整是对悬挂的拉出值、导线高度（导高）、导线面的调整和对锚段关节、线岔等部位的调整。一般分三步进行，即悬挂初调、悬挂细调、综合检测调整。

（1）悬挂初调是对支持装置的调整，使悬吊槽钢与轨面平行、导高和拉出值初调到位。

（2）悬挂细调是对接触线的工作面、导高、拉出值等逐点精细调整，对锚段关节、道岔关节、分段绝缘器进行精细调整。

（3）综合检测调整是逐点对悬挂点接触线的工作面、导高及拉出值、跨中导高及拉出值等进行检测，重点检查、调整锚段关节、道岔关节、分段绝缘器，对检查出的缺陷进行达标调整。

3.10.1　劳动组织

1）人员组织（见表 3-10-1）

表 3-10-1　人员组织

序号	人员	单位	数量	备　注
1	技术人员	人	1	负责技术、质量
2	工长	人	1	负责施工组织、协调
3	技术工人	人	6	
4	安全员	人	1	负责安全瞭望、安全检查、安全提醒

2）主要工、机具（见表 3-10-2）

表 3-10-2　主要工、机具

序号	名称	规格	单位	数量	备　注
1	扳手		套	2	
2	内六角扳手		把	2	
3	激光测量仪		套	1	
4	扭矩扳手		套	2	
5	尼龙手锤	4磅	把	1	
6	作业车	带受电弓	辆	1	

3.10.2　调整操作步骤

1. 接触悬挂的初调

① 调整各悬挂点导线至设计悬挂高度，检查各悬挂支持装置紧固件是否齐全稳固。

② 调整各悬挂点导线拉出值。

③ 调整悬吊槽钢或绝缘杆件使其平行于轨面，使导线工作面相对于两轨面连线平行。

④ 调整汇流排定位线夹，满足汇流排在温度变化时能顺线路自由位移的要求。

⑤ 初步调整锚段关节处两支悬挂的间距、导高和拉出值。

2. 接触悬挂的细调

① 精细调整各悬挂点导高及拉出值。

② 调整悬吊槽钢或绝缘横撑使其平行于轨面，避免接触导线发生偏磨现象。

③ 精细调整锚段关节处导线高度和拉出值。两根汇流排要保持等距平行，两条接触线距轨面的高度相等，其长度不应小于 1.5 m。两支悬挂的水平间距：非绝缘锚段关节处为 150 mm；

绝缘锚段关节处为 260 mm；允许误差为±20 mm。

④ 在始触区内两支接触线应等高，在始触点处渡、侧线接触线应比正线接触线高 0～4 mm，受电弓双向通过时应平滑无撞击，热滑试验中不应出现固定拉弧点。

⑤ 单开道岔，悬挂点的拉出值距正线汇流排中心线的距离为 200 mm，允许误差为±20 mm。

⑥ 交叉渡线道岔在交叉渡线处两线路中心的交叉点处，两支悬挂的汇流排中心线分别距交叉点 100 mm，允许误差为+20 mm。

3. 综合检测调整

① 用激光测量仪检查导高和拉出值，对超过允许偏差范围的进行调整，填写导高及拉出值检查记录。

② 在作业车上安装受电弓，对锚段关节、道岔及交叉渡线、分段绝缘器处过渡状态进行往返检查，对出现打弓、碰弓的地方进行调整。

③ 刚性悬挂所有带电体距接地体的绝缘距离应满足 150 mm，对于特殊地点或有渗水、漏水至汇流排的地方，使用汇流排防护罩来保护汇流排。

④ 检查所有接触网设备有无侵入限界，发现问题后应及时反馈给业主代表和监理工程师，妥善解决。

⑤ 悬挂点定位的铰接部位、调节螺栓等部位应均匀涂抹黄油防腐。

⑥ 隧道壁上的底座与隧道壁的间隙，按设计要求进行填充，填充时注意保护并防止污染其他设备。填充密实，表面平整美观。

3.10.3　技术要求

① 导线高度和拉出值符合设计要求，导线高度允许调整误差为±3 mm，相邻的悬挂点相对高差一般不得超过所在跨距值的 0.5‰，接触线拉出值调整误差为±5 mm，且不得超过最大设计值。刚性悬挂设计坡度变化应不大于 1‰。

② 锚段关节汇流排终端至相邻悬挂点的距离符合设计要求，允许误差为+200 mm、−100 mm。

③ 锚段关节中间悬挂点处应等高；非工作支比工作支抬高 1～3 mm，并符合要求。

④ 受电弓双向通过锚段关节、道岔、分段绝缘器时，应平滑，且无撞击现象。

⑤ 接触网带电体对接地体的距离：静态不应小于 150 mm，动态不应小于 100 mm。

3.10.4　注意事项

① 调整接触悬挂时应采用高精度激光测量仪调整接触线高度和拉出值。

② 填充底座封顶时注意保护并防止污染既有设备。

③ 发现隧道渗水到接触网汇流排上，应对该处汇流排罩防护套进行保护，以防腐蚀汇流排等接触网设备，并及时报告业主，联系土建单位处理。

④ 施工结束后清理包装物、下脚料等杂物，恢复施工前现场的原样。

3.11　安装电连接

刚性接触悬挂的电连接是用铜芯电缆通过铜铝过渡线夹进行连接的。电连接如图 3-11-1

所示。在汇流排上安装汇流排电连接线夹，铜铝过渡线夹安装在汇流排电连接线夹上，再与铜芯电缆相连接。每根电缆最大横截面积为 150 mm^2。

根据安装位置的不同电连接分为锚段关节电连接、道岔电连接、隔离开关电连接等几种。

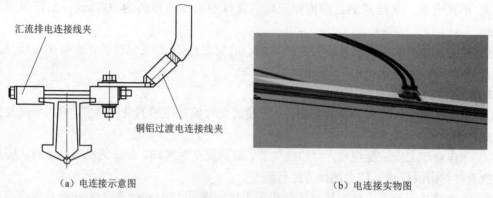

（a）电连接示意图   （b）电连接实物图

图 3-11-1　电连接

3.11.1　劳动组织

1）人员组织（见表 3-11-1）

表 3-11-1　人员组织

序号	人员	单位	数量	备　注
1	施工负责人	人	1	由技术人员担任
2	施工人员	人	2	现场安装
3	辅助人员	人	4	扶梯车
4	防护	人	2	两端防护

2）主要工、机具（见表 3-11-2）

表 3-11-2　主要工、机具

序号	名称	规格	单位	数量	备　注
1	扭矩扳手		把	1	
2	液压钳		把	1	
3	梯车		台	1	
4	扳手		把	2	

3）材料（见表 3-11-3）

表 3-11-3　材料

序号	名称	规格	单位	数量	备　注
1	汇流排电连接线夹		套	8	

序号	名称	规格	单位	数量	备　注
2	铜铝过渡线夹		套	16	
3	120 mm² 软铜绞线		根	8	
4	导电油脂		kg	若干	

3.11.2　操作步骤

1. 预制电连接线

① 根据锚段关节或道岔关节处汇流排的间距、汇流排最大偏移量、铜铝过渡线夹长度等数据，计算电连接软铜绞线的长度。

② 裁剪软铜绞线，裁剪前先在软铜绞线上缠一圈胶带，这样裁剪时绞线不会散股。

③ 将软铜绞线两端剥去胶带，套入铜铝过渡线夹内并推入根部，两端线夹相应对称，不得偏扭。

④ 使用电缆做电连接时，按照技术要求剥开外皮，使用液压钳压接，压模型号应与电缆型号相符。

2. 安装电连接

① 按照电连接装配图的要求，在锚段关节处安装汇流排电连接线夹，线夹及汇流排的接触面均匀涂抹导电油脂。

③ 按照电连接布置方向安装铜铝过渡线夹，安装要正确美观。在安装前铜铝过渡线夹与汇流排电连接线夹接触面要均匀涂抹导电油脂。

3.11.3　安装技术要求

① 电连接线所用型号、材质、数量应符合设计要求，并预留足够的因温度变化使汇流排产生伸缩而需要的长度，弯曲方向与汇流排移动方向一致。电连接线不得有散股、断股现象。

② 电连接线的安装位置允许误差为 ±200 mm，在任何情况下均应满足绝缘距离要求。

③ 150 mm² 电缆绝缘层的剥开长度为 70 mm；400 mm² 电缆绝缘层的剥开长度为 90 mm。电缆导体不得被损伤。

④ 电连接线与接线端子压接应良好，紧固力矩不得小于 6.9 kN·m。电连接线夹与电连接线接触面涂电力复合脂，线夹安装应端正牢固，螺栓紧固力矩应符合要求。

⑤ 电连接电缆在隧道顶部应牢固不易脱落，转弯处弯曲自然，布线美观。

3.11.4　注意事项

① 电连接线不应有断股、散股，否则应更换。

② 安装电连接前应清洁汇流排及线夹的接触面，不应有灰尘、污物。

③ 安装过程中，不允许扳、踩、压汇流排，防止汇流排的形变。

④ 电力复合脂涂抹均匀，零件连接紧密。

⑤ 电连接线的弛度合理，布局整齐。

⑥ 安装电连接的长度满足汇流排伸缩要求，弯曲方向与汇流排移动方向一致。

⑦ 施工结束后清理包装物、下脚料等杂物，恢复施工前现场的原样。

3.12　刚柔过渡

刚柔过渡是由刚性接触悬挂转换为柔性接触悬挂的衔接过渡。它是刚性悬挂与柔性悬挂实现衔接的关键部位。通常设在架空柔性接触悬挂和隧道内刚性接触悬挂的交汇点处（隧道口）。刚柔过渡分为关节式和贯通式两种。

3.12.1　关节式刚柔过渡

关节式刚柔过渡，即柔性悬挂与刚性悬挂平行交叉一段，形成类似关节的形式进行过渡，在刚柔过渡的切入点处，刚性悬挂与柔性悬挂分开，刚性悬挂导高应比柔性悬挂导高抬高 25 mm 左右，经过一段距离的刚柔并列运行后，柔性悬挂接触线逐渐抬高，直至脱离接触网的正常工作高度而退出运行，以便刚柔悬挂平滑过渡，不至于在刚性悬挂切入点处形成硬点。

3.12.2　贯通式刚柔过渡

采用贯通式刚柔过渡，从柔性悬挂进入切槽式汇流排，如图 3-12-1 所示。当柔性悬挂为单支悬挂时，接触线直接导入切槽式汇流排内再下锚，承力索直接下锚，如图 3-12-2 所示；当柔性悬挂为双支悬挂时，一根接触线导入切槽式汇流排内再下锚（可视为柔性悬挂进入或变为刚性悬挂，即所谓刚柔贯通），另一根在切槽式汇流排外面，两根柔性接触线等高并列运行进入切槽式汇流排约 500 mm 后，在切槽式汇流排外面的导线逐渐抬高，至脱离受电

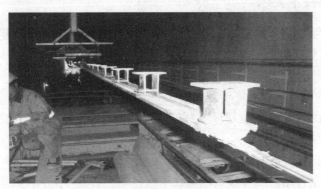

（a）切槽式汇流排实物图

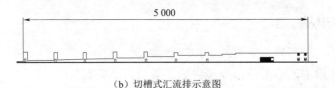

5 000

（b）切槽式汇流排示意图

图 3-12-1　切槽式汇流排

弓的接触，其最终的抬高量不得小于 35 m，两根承力索分别下锚，如图 3-12-3 所示。距切槽式汇流排柔性方向的 3 m 范围内，柔性悬挂不能装设吊弦；切槽式汇流排的各张力紧固螺栓的紧固力矩为 50 N·m，螺栓应有垫圈（防松垫圈和平垫圈）。

（1）贯通式刚柔过渡单悬挂如图 3-12-2 所示。

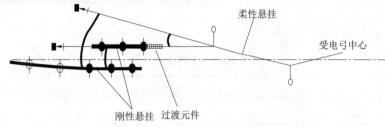

（a）贯通式刚柔过渡单悬挂示意图

（b）贯通式刚柔过渡单悬挂实物图

图 3-12-2　贯通式刚柔过渡单悬挂

（2）贯通式刚柔过渡双悬挂示意图如图 3-12-3 所示。

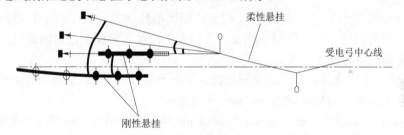

图 3-12-3　贯通式刚柔过渡双悬挂示意图

3.12.3　刚柔过渡的安装与调整

1. 劳动组织

1）人员组织（见表 3-12-1）

表 3-12-1　人员组织

序号	人员	单位	数量	备　注
1	技术人员	人	1	负责技术和质量
2	工长	人	1	组织及协调现场施工
3	技术工人	人	9	

续表

序号	人员	单位	数量	备　注
4	安全员	人	2	负责安全瞭望、安全检查、安全提醒
5	司机	人	2	

2）主要工、机具（见表 3-12-2）

表 3-12-2　主要工、机具

序号	名称	规格	单位	数量	备　注
1	作业车		台	1	
2	车梯		台	1	
3	刚性架线小车		台	1	
4	注油器		套	1	
5	钢卷尺	50 m，10 m	把	各 1 把	现场测量
6	水平尺	600 mm	把	1	
7	激光测量仪	PD20	套	1	
8	扳手		套	2	
9	照明设备		套	1	
10	线盘	50 m	个	1	
11	扭矩扳手		套	1	
12	内六角扳手		把	2	

2. 操作步骤

① 现场检测：检测隧道净空、限界、隧道口断面里程、隧道结构等是否与设计图纸相符，是否存在绝缘距离问题，是否限制了刚柔过渡的安装，发现问题应及时联系设计部门到现场解决，为测量定位做好准备。

② 先进行刚柔过渡段悬挂点的纵向测量，复核无误后，用红油漆标记在钢轨侧面上。各悬挂点的位置采用激光测量准确定位，标记至隧道顶上。

③ 测量悬挂点处净空数据，测量柔性悬挂下锚的位置，用激光测量仪准确定位，标记在隧道顶上。

④ 对各悬挂点复核无误后，钻孔和安装支持定位装置，并调整到符合设计规定值。

3. 安装关节式刚柔过渡

① 检查刚柔过渡处的柔性悬挂和刚性接触悬挂细调是否完成。

② 在作业平台上对接好汇流排终端和切槽式过渡汇流排（汇流排终端头距悬挂定位点的距离为 1.8 m），然后在接触线凹槽内均匀涂抹导电油脂，用放线小车将接触线导入汇流排，用扭矩扳手紧固切槽汇流排上的 7 组紧固螺栓。

③ 刚柔过渡段导线高度及拉出值调整至设计值，悬吊槽钢调至与轨面平行；用受电弓检查并进行刚柔过渡段的微调，受电弓双向通过时应平稳顺滑，刚柔过渡点和关节不应出现硬点，切槽式汇流排应富有弹性。

4. 安装贯通式刚柔过渡

根据贯通式刚柔过渡安装图的形式和参数进行安装，方法参照关节式刚柔过渡。

5. 刚柔过渡的安装要求

① 两支悬挂点的拉出值为 ±100 mm，间距为 200 mm，允许误差为 ±20 mm。

② 关节处接触线下锚绝缘子边缘距受电弓不小于 75 mm。

③ 刚性悬挂带电体距柔性悬挂下锚底座、下锚支悬挂等接地体不应小于 150 mm。

④ 受电弓距柔性悬挂下锚底座、下锚支悬挂等接地体不应小于 100 mm。

⑤ 刚柔过渡处的电连接线、接地线应完整、无遗漏，安装牢固。

⑥ 在受电弓通过时应平滑、无撞击，且不应出现固定拉弧点。

⑦ 贯通式刚柔过渡处刚性悬挂接触线应比柔性悬挂接触线高 20～50 mm。

3.12.4　安装汇流排护套

刚柔过渡的切槽部分应使用护套套紧予以保护。护套每段长 10 m，可以按照所需长度裁剪，直接安装在汇流排上。

（1）汇流排防护罩直接安装在汇流排上，用于地面段、隧道洞口及隧道内漏水处刚性悬挂汇流排的防尘、防雨、防水等。

（2）材质及要求。

① 汇流排防护罩本体材质是低烟的阻燃材料，具有良好的绝缘、防水、防潮、耐酸碱、耐腐蚀、抗老化和耐热老化性能。各种天气条件下具有 15 年以上的使用寿命。

② 汇流排防护罩表面不能有划痕、斑纹、气孔、雾晕、黑点、变色、光泽不佳等缺陷。

（3）注意事项。

施工结束后，清理包装物、下脚料等杂物，恢复施工前现场的原样。

3.13　安装分段绝缘器

3.13.1　分段绝缘器的设置及结构

刚性悬挂接触网是用分段绝缘器来进行电分段，其连接方式是直接固定在汇流排上。在正线间的渡线上安装分段绝缘器以实现上下行线之间的电分段。

刚性悬挂分段绝缘器主要由玻璃纤维绝缘棒和两边的悬臂组成。悬臂是为了能更好地消除发生在受电弓通过时的电弧。将分段绝缘器安装在线路中心线的上方中心位置，两个尾部均应精确安装，避免设备发生扭转。分段绝缘器安装示意图如图 3-13-1 所示。

3.13.2　分段绝缘器的安装

1. 操作步骤

① 分段绝缘器与汇流排一起安装，先将分段绝缘器从两端配套汇流排导轨上卸下。

② 将导轨与相邻汇流排连接，在两悬挂点中心预留分段绝缘器本体的位置，安装好汇流排，并在悬挂定位点处锚固汇流排。

③ 架设接触线后，将接触线从预留位置中心锯断，两端各预留出适量长度，并将接触线端头向上方弯曲，以防碰撞受电弓。

④ 在分段绝缘器导轨上安装固定分段绝缘器本体及铜滑轨。

⑤ 调整分段绝缘器时应使用专用工具，松开铜滑轨固定螺栓，检查滑轨面是否密贴，若不密贴用调整工具进行调整，然后拧紧滑轨螺栓。

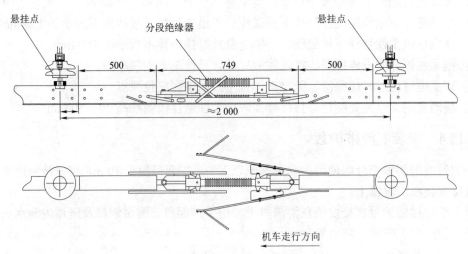

图 3-13-1　分段绝缘器安装示意图

⑥ 以轨面为基准，用激光测量仪测量，使分段绝缘器与轨面平行。

⑦ 用扭矩扳手拧紧滑轨螺栓，用水平尺复测分段绝缘器过渡状态和平直度。

⑧ 用受电弓往返检查分段绝缘器的状态，应过渡平稳，无打弓、碰弓现象。

2. 技术要求

① 分段绝缘器外观应无损坏，绝缘棒应完好、干净，绝缘性能良好。

② 分段绝缘器上的两极靴枝（引弧棒）间距为 100 mm，允许误差为 ±5 mm。

③ 分段绝缘器紧固件应齐全，连接牢固可靠，紧固螺栓的紧固力矩为 20 N·m。

④ 分段绝缘器带电体距接地体或不同供电分段带电体之间、不同供电分段上运行的机车受电弓的距离符合要求：静态不小于 150 mm；动态不小于 100 mm。

⑤ 分段绝缘器中点应设置在受电弓的中心位置上（即拉出值为 0 mm），偏离受电弓中心线距离最大不应超过 50 mm。

⑥ 分段绝缘器的底面应与两轨平面平行。受电弓双向通过分段绝缘器均应过渡平稳，无打弓现象。

⑦ 分段绝缘器在两个相邻悬挂定位点的中间位置，允许误差为 ±50 mm。

3. 注意事项

① 安装分段绝缘器前，应有完好的包装，运输和安装中应轻拿轻放，不得挤压和碰撞。

② 必须使用扭矩扳手安装分段绝缘器，紧固力矩符合要求。

③ 安装结束后清理包装物、下脚料等杂物，恢复施工前现场的原样。

3.14　安装隔离开关

在接触网的电分段处要设置隔离开关，与电分段配合控制电路的断开与连通，以满足灵活供电及检修的要求。隔离开关分为电动和手动两种，手动隔离开关又分为带接地闸刀和不带接地闸刀的两种。目前，在城市轨道交通直流制供电系统中，采用的是 GW–1.5/3000ZDTD 型电动或手动隔离开关。

3.14.1　隔离开关的设置

① 牵引变电所馈出线引至接触网的上网点处、正线各供电分区之间、停车场各供电分区馈线上网点处、停车场出入线与正线分段处设电动隔离开关。

② 隧道内折返线、存车线与正线间设手动隔离开关。

③ 车库线进口及列检库中电分段处设置带接地闸刀的手动隔离开关。

3.14.2　隔离开关的结构和工作原理

1. 字母及符号说明

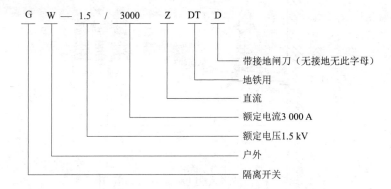

2. GW–1.5/3000ZDTD 型隔离开关的结构

整体结构采用一字布置，结构紧凑、简单。开关本体主要由底座、支持绝缘子、主触刀部分和消弧部分组成。如图 3–14–1 所示。

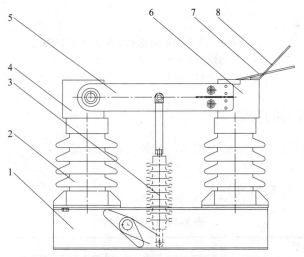

图 3–14–1　隔离开关结构图

1—底座；2—支持绝缘子；3—拉杆绝缘子；4—动触座；

5—主触刀；6—静触座；7—消弧动触头；8—消弧静触头

3. 工作原理

操动机构的输出轴转动约 120°，机构输出轴经伞齿轮传动，带动开关主轴、拉杆绝缘子使主触刀分合。在开关进行分闸操作时，主触刀先打开一定距离后，消弧动触头快速打开，然后和主触刀一同运动到位。在开关进行合闸操作时，消弧动触头与消弧静触头先接触，然后主触刀才和静触座接触，并且一同运动到位。

3.14.3　隔离开关的安装形式

隧道内单台电动隔离开关安装形式如图 3–14–2 所示。

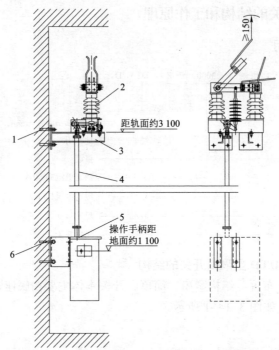

图 3–14–2　隧道内单台电动隔离开关安装形式

1—螺杆；2—隔离开关本体；3—隔离开关底座；4—传动杆；

5—电动操作机构箱；6—操作机构箱底座

3.14.4　隔离开关的安装

安装隔离开关主要包括安装前的准备、安装与调试隔离开关。

1. 劳动组织

1）人员组织（见表 3–14–1）

表 3–14–1　人员组织

序号	人员	单位	数量	备　注
1	组长	人	1	组织、指挥设备安装作业
2	技术人员	人	1	负责现场安装技术
3	技术工人	人	3	现场安装、调整设备
4	防护人员	人	2	作业区段两端的安全防护

2）主要工、机具（见表 3–14–2）

表 3–14–2　主要工、机具

序号	名称	规格	单位	数量	备　注
1	作业车（组）		台		
2	电锤	HILIT	台	1	
3	冲击钻头		根	1	与锚栓型号相应
4	吹尘器		个	1	
5	专用模具		块	1	
6	钢卷尺	5 m	把	1	
7	水平尺	50 mm	把	1	
8	防护灯	闪烁型	套	2	
9	扭矩扳手		个	1	
10	梅花扳手		个	1	
11	线坠		个	1	
12	照明设备		套	若干	

3）材料（见表 3–14–3）

表 3–14–3　材料

序号	名称	规格	单位	数量	备　注
1	隔离开关底座		套	3	
2	操动机构固定底座		套	3	
3	螺杆锚栓		套	24	
4	隔离开关		套	3	
5	150 mm^2 直流软电缆		m		现场确定
6	接线端子		个	16	
7	铜铝过渡线夹		套	16	
8	铜接线板		套	2	
9	汇流排电连接线夹		套	8	
10	导电油脂		套		若干
11	PVC 管		套		若干
12	PVC 管固定卡子		套		若干

2. 操作步骤

① 根据安装图、隔离开关位置进行测量，检查隔离开关安装位置限界和安装空间是否符合设计要求。

② 用墨斗弹出水平直线，定出固定底座钻孔孔位，垂直于隧道壁钻孔，安装螺栓。

③ 安装固定底座，并调整端正，其隔离开关安装面水平。

④ 将隔离开关安装在固定底座上，调整隔离开关及操动机构至隧道壁的距离符合设计要求，隔离开关与操动机构处于同一垂直面上。

⑤ 调整操动机构行程至闭合位，隔离开关刀闸处于闭合位，安装操纵杆，其安装角度符合设计要求。

⑥ 调整三联隔离开关处于同一水平直线上，安装隔离开关接线板。

⑦ 调试隔离开关和操动机构开合同步到位，隔离开关动触头和静触头中心线重合。

⑧ 安装隔离开关至接触网汇流排引线电缆，安装美观，弯曲自然。实测接线端子长度，按电缆绝缘层厚度调节剥切刀深度，剥除绝缘防护层，露出裸铜线芯，根据接线端子的压接工艺制作压接两端接线端子。在汇流排上安装汇流排电连接线夹，将接线端子与汇流排电连接线夹、隔离开关相连接，所有接触面均匀涂抹导电油脂。

⑨ 将所有底座用接地跳线与架空地线相连接。

⑩ 电动隔离开关调试和配合变电所隔离开关联调。

3. 技术要求

① 隔离开关的安装位置应符合设计要求，严格按照技术要求安装。

② 隔离开关的本体外观应无损坏，零件应配套齐全，绝缘子应完好、洁净，主接头接触良好，绝缘测试值、主回路接触电阻值应符合技术要求。

③ 隔离开关底座和操作机构底座应呈水平状态，安装牢固，靠近线路的端部至线路中心线距离不得小于 1 900 mm。手动操作机构底座安装高度距地面 1 200 mm 为宜。电动操作机构箱应密封良好，门锁和钥匙完好齐全。

④ 隔离开关触头带电部分至顶部建筑物距离，不应小于 500 mm；至隧道壁不应小于 150 mm。

⑤ 隔离开关中心线应铅垂，传动杆垂直，与操作机构轴线一致，偏差不大于 2°，连接应牢固，无松动现象，铰接处活动灵活，并涂有中性凡士林。

⑥ 隔离开关应分合顺利可靠，分、合位置正确，角度符合技术要求。触头接触良好，无回弹现象。操动机构的分合闸指示与开关的实际分合位置一致。电动开关手动操作时应与遥控操作动作一致。

⑦ 设备接线端子与隔离开关连接接触面及隔离开关刀口部分应涂导电油脂，机构的连接轴、转动部分、传动杆涂润滑油。

⑧ 隔离开关的连接引线电缆正确规整。按汇流排随温度变化伸缩要求，预留位移长度，弯曲方向与汇流排伸缩方向相同，电缆重量应由隧道顶电缆支架来承载。电缆应平行整齐排列，不能压叠；电缆支架应安装牢固，布置均匀合理；电缆弯曲自然，布置线路应尽量短。电缆在汇流排上安装应尽量靠近悬挂定位点。

⑨ 隔离开关所有底座都与架空地线相连通，可靠接地。

4. 注意事项

① 隔离开关绝缘子应采用麻布软袋包扎保护。

② 安装调试完毕后，所有隔离开关均应处于分闸位置，所有操动机构加锁，严禁随意操动隔离开关。

③ 变电所送电前，在隔离开关电源侧进行可靠接地，并悬挂明显接地标志。

④ 安装结束后清理包装物、下脚料等杂物，恢复施工前现场的原样。

3.15 安装接地线

接地线是刚性接触悬挂的支持装置底座、设备底座分别按设计要求与架空地线连接的导线。

刚性悬挂接地线安装在接触网机械分段、电分段两端及每一个车站两端，线路终端分别在汇流排上安装接地线夹一套，供刚性悬挂接触网维修时接地所用。

3.15.1 劳动组织

1）人员组织（见表 3-15-1）

表 3-15-1 人员组织

序号	人员	单位	数量	备 注
1	施工负责人	人	1	由技术人员担任
2	施工人员	人	2	现场安装
3	辅助人员	人	4	扶梯车
4	防护人员	人	2	两端防护

2）主要工、机具（见表 3-15-2）

表 3-15-2 主要工、机具

序号	名称	规格	单位	数量	备 注
1	冲击电钻		台	1	
2	专用安装工具		套	1	
3	液压钳		把	1	
4	扳手		把	1	
5	水平尺		把	1	
6	钢卷尺		把	4	
7	冲击钻头		个	若干	

3）材料（见表 3-15-3）

表 3-15-3 材料

序号	名称	规格	单位	数量	备 注
1	120 mm² 硬铜绞线		m		
2	120 mm² 直流电缆		m		
3	D 型电连接线夹		个		
4	接线端子		个		
5	固定卡		个		
6	锚固螺栓		个		

3.15.2　安装接地线的步骤

① 测量悬挂支持装置、中心锚结底座、隔离开关固定底座等与架空地线的布置距离，预制接地跳线，一端压接接线端子与底座相连接，另一端用 D 型电连接线夹与架空地线相连接。接地跳线用固定卡子和锚固螺栓沿隧道壁固定。

② 隔离开关处电缆支架用接地扁钢相连接，与变电所接地保护扁钢相连接。

③ 线索下锚、渡线与正线、上下行线未直接连通的地线间，采用与地线同规格、同材质的接地跳线，用并沟线夹与两端地线相连接，接地跳线用固定卡子和锚固螺栓沿隧道壁布置。

④ 在牵引变电所处，架空地线引下线沿电缆支架敷设固定，一端压接接线端子接变电所内的强电设备接地母排，一端就近与架空地线用 D 型电连接线夹连接。

3.15.3　技术要求

① 接地方式：所有不带电金属部分均应与架空地线连接，架空地线与变电所内接地网相连，构成供电系统的接地保护回路。

② 接地跳线在隧道壁上应固定牢靠，两端连接牢固、导通良好，布置顺直美观，固定卡子安置均匀合理。电缆敷设应符合电缆施工及验收规范要求，电缆在支架上绑扎牢固，两端连接牢固可靠。

③ 地线线夹安装端正，地线线夹中的铜垫片齐全，安放正确。

④ 接地线材质和截面应满足要求，在隧道壁上应固定牢靠，接地电缆敷设应符合电缆施工技术要求，两端连接牢固可靠。

⑤ 接地线及其固定螺栓、卡子等对接触网带电体的距离不应小于 150 mm，对受电弓的瞬时距离不应小于 100 mm，且不得侵入设备限界。

⑥ 接地挂环与汇流排接地挂环安装位置应符合要求，安装稳固，连接处的接触面应清洁，均匀涂抹薄层电力复合脂。

⑦ 架空地线下锚处调整螺栓长度应符合要求，并有不少于 30 mm 的调节余量。

3.15.4　注意事项

① 回流箱体内端子连接板安装牢固，设备线夹与端子连接板的连接螺栓紧固力矩符合要求。设备线夹与端子连接板的接触面应光亮、无氧化层，均匀涂有薄层电力复合脂。

② 回流电缆规格类型和载流截面符合设计要求，电缆弯曲半径符合技术要求。沿隧道壁或道床敷设的电缆要有可靠的固定方式，电缆不侵入设备限界。

③ 箱体无锈蚀，防水性能良好，整体美观。

④ 电缆保护管完好。电缆无损伤，无中间接头，端头制作规范，焊接可靠。

⑤ 施工结束后清理包装物、下脚料等杂物，恢复施工前现场的原样。

3.16　安装标志牌

接触网标志包括号码牌和标志牌。号码牌主要包括支柱号码牌和悬挂点号码牌。标志牌主要包括"高压危险"牌，"断""合"牌，"禁止双弓"牌，"安全作业"牌，"接触网终点"

牌等。

3.16.1　劳力组织

1）人员组织（见表 3–16–1）

表 3–16–1　人员组织

序号	人员	单位	数量	备　注
1	施工负责人	人	1	由技术人员担任
2	施工人员	人	2	现场安装
3	辅助人员	人	4	扶梯车
4	防护	人	2	两端防护

2）主要工、机具（见表 3–16–2）

表 3–16–2　主要工、机具

序号	名称	规格	单位	数量	备　注
1	冲击电钻		把	1	
2	安装工具		把	1	
3	排刷		把	1	
4	字模具		副	1	

3）材料（见表 3–16–3）

表 3–16–3　材料

序号	名称	规格	单位	数量	备　注
1	白色油漆		桶	1	
2	黑色油漆		桶	1	
3	"高压危险"牌		套	1	
4	"接触网终点"牌		套	1	
5	接地线连接线夹		套	1	
6	锚固螺栓		套	1	

3.16.2　标志牌的制作要求

① "高压危险"牌采用铝合金板、硬塑料板制作或选用设计要求的材料进行制作，牌面为白底黑字，黑框，红闪电。

② "接触网终点"牌采用 2 mm 厚钢板、铝合金板或选用设计要求的材料进行制作，白底黑字，黑框，背面白色。

③ 反光号码牌按照相应的技术要求进行加工制作。

3.16.3 标志牌的安装

（1）"高压危险"牌设置于接触网隔离开关等电气设备处，设置高度为 1.6～2 m。用锚固螺栓，安装在隔离开关底座下方，安装端正牢固。

（2）"接触网终点"牌设置在接触网终点悬挂定位点处，安装于接触网汇流排正上方，安装稳固端正，距接触网带电体距离大于 150 mm。

（3）安装号码牌。

① 安装悬挂定位号码牌。在刚性悬挂区段，将反光号码牌直接采用膨胀螺栓来固定，悬挂号码牌一般安装在列车前进方向右侧隧道壁上，与悬挂定位点处于同一隧道断面上。安装时，利用冲击钻在隧道壁上钻孔，钻孔的间距满足号码牌安装尺寸的要求，利用安装工具安装膨胀螺栓，将号码牌固定在隧道壁上。

② 安装隔离开关号码牌。隔离开关号码牌，与柔性悬挂相同可采用直接粘贴号码牌，隧道内开关号码牌采用锚栓固定的方式来安装。安装方法与悬挂定位号码牌相同，安装在操动机构上方。

3.16.4 技术要求

① 防止触电的警示标志应安装在电气设备和人员容易接近的接触网带电体的附近。警示标志的颜色、规格、安装位置符合规范要求，安装牢固可靠，在任何情况下都显眼醒目，不得侵入设备限界，满足电气绝缘距离要求。

② "接触网终端"标志应清晰明显，安装位置应符合规范，安装牢固。

③ 安全作业标、悬挂点号码牌、接地挂环标志牌的颜色、规格、高度符合规范，按照列车前进方向顺序分类编号，底漆应均匀，字迹清晰，字体美观醒目，无脱漆、生锈现象。

④ 防护栅安装牢固，可靠接地，防腐耐久，整体美观。

3.16.5 注意事项

① 号码印制处隧道壁应干燥，印制前应擦去浮尘。若隧道明显潮湿应擦（烘）。

② 施工结束后清理包装物、下脚料等杂物，恢复施工前现场的原样。

本 章 小 结

（1）刚性悬挂接触网的特点：刚性悬挂能够满足传输最大功率、受电弓良好地受流以及最大行车速度的要求；刚性汇流排和接触线无轴向力，不存在断排可能性；刚性悬挂的故障是点故障，所以刚性悬挂事故范围小；刚性悬挂的锚段关节简单，锚段长度短，提高了车辆运行中的安全性和适应性。受电弓维修周期长。接触线磨耗较小，使用寿命约20 年。

（2）刚性悬挂接触网主要由接触悬挂、支持定位装置、绝缘部件及架空地线等部分组成。整个悬挂布置成正弦波形状。支持定位装置的组成由铝合金汇流排、绝缘子、接触线和架空地线。

（3）刚性接触悬挂主要由汇流排、接触线等组成。汇流排用于夹持固定接触线、承载和传输电能。汇流排按结构分为 T 形和 Π 形两种形式。接触线一般采用截面积为 120 mm^2 或 150 mm^2 两种类型。

（4）刚性接触网图例表示意义，平面图的作用、组成。识读平面图规则：首先要看准名称、图号，在说明中知道悬挂类型及高度，一般是从左到右，从上行到下行。再看锚段编号及长度。找到悬挂点的位置，从上下相对应表格中读出定位编号、设备的安装位置、安装图号、中心锚结位置、拉出值、隧道类型等相关信息。

（5）纵向测量步骤：确定测量起点并做标记；依设计跨距沿钢轨丈量，曲线区段沿外轨丈量；复核无误后在钢轨侧面和轨枕上做出明显标记。

（6）隧道内钻孔操作步骤：根据测量数据，编制悬挂钻孔类型表、钻孔技术要求；按照钻孔类型选用冲击钻头和钻孔模板，根据钻孔深度确定钻头长度；按照测量标记，用钻孔模板在孔位上钻出 3～5 mm 的凹槽，取下模板，一人持冲击电钻钻孔，一人握吹尘器将尘屑吹向无人侧；钻孔完成后，检查孔深、孔距等尺寸并做好钻孔记录。

（7）支持定位装置主要由底座、槽钢、螺栓、绝缘子、汇流排定位线夹及汇流排等组成，结构形式有腕臂结构、门形结构、圆形隧道结构、高低净空结构。

（8）安装汇流排的步骤是汇流排伸缩量及长度计算、布置汇流排、预制汇流排、汇流排编号、安装汇流排终端、安装汇流排中间接头。

（9）架设接触线的步骤是用锚固线夹固定汇流排、安装注油器、安装放线小车、展放装嵌接触线、落锚进行固定。

（10）悬挂调整步骤分为接触悬挂初调、细调和综合检测调整三道程序。应符合接触悬挂调整的技术要求。

（11）锚段关节分绝缘锚段关节和非绝缘锚段关节两种；应符合安装调整的技术要求。

（12）刚性悬挂线岔的结构和线岔调整技术要求。

（13）中心锚结的作用是防止因温度变化和列车受电弓摩擦所带来的纵向位移。应符合安装步骤和技术要求。

（14）电连接的类型有锚段关节电连接、道岔电连接和隔离开关电连接等。安装电连接步骤：预制电连接线、安装电连接、安装汇流排接地线夹。

（15）刚柔过渡是由刚性悬挂过渡到柔性悬挂的衔接部分。分为关节式和贯通式两种。应符合贯通式刚柔过渡的技术要求及操作步骤。

（16）安装分段绝缘器的步骤及技术要求。

（17）接触网电分段处设置隔离开关，与电分段配合控制电路的断开与连通以满足灵活供电的要求。隔离开关分电动和手动两种类型。应符合安装操作步骤及技术要求。

（18）接地线是与接触悬挂平行架设的一条设备保护线。当绝缘件老化，发生闪络或击穿时，短路电流就通过架空地线流回牵引变电所，变电所的保护装置动作，从而保护了接触网设备。应符合接地线的安装技术要求。

（19）安装标示牌的要求是防止触电的警示标志应安装在电气设备和人员容易接近的接触网带电体的附近。警示标志的颜色、规格、安装位置符合规范要求，安装牢固可靠，在任何情况下都显眼醒目，不得侵入设备限界，满足电气绝缘距离要求。

思 考 题

（1）刚性悬挂接触网有什么特点？

（2）刚性悬挂接触网由哪几部分组成？

（3）刚性悬挂接触网是如何布置的？

（4）支持定位装置的作用是什么？

（5）汇流排的作用及类型是什么？

（6）熟记刚性接触网图例；熟读平面图。

（7）刚性接触网纵向测量和横向测量的方法是什么？

（8）支持定位装置有哪几种结构形式？

（9）锚段关节分为哪几种类型？安装技术要求有哪些？

（10）安装线岔的技术要求有哪些？

（11）架设接触线的操作步骤是什么？

（12）调整接触悬挂的步骤及技术要求是什么？

（13）中心锚结由哪几部分组成？其安装调整的技术要求是什么？

（14）电连接的种类有哪些？

（15）刚柔过渡分为几种结构形式？其技术要求是什么？

（16）安装分段绝缘器的技术要求是什么？

（17）隔离开关的种类及安装的技术要求是什么？

（18）刚性悬挂接地线的作用是什么？其安装的技术要求是什么？

（19）标志牌的种类有哪些？安装要求有哪些？

第4章　接触轨式接触网

☞ 学习目标
（1）理解接触轨式接触网供电原理。
（2）理解接触轨的布置及安装位置。
（3）懂得接触轨的锚段、断轨的设置、电连接的设置、中心锚结的设置。
（4）知道接触轨式接触网的组成、接触轨的结构特点和安装形式。
（5）知道端部弯头、中间接头、防爬器、绝缘底座等的结构。
（6）懂得测量接触轨式接触网的操作步骤、技术要求和安全注意事项。
（7）知道绝缘底座、接触轨的安装方法及技术要求。
（8）知道安装端部弯头、中间接头的方法及技术要求。
（9）理解电连接、防爬器的安装方法。
（10）知道接地线、防护罩和供电电缆的安装方法。

4.1　接触轨的供电系统

4.1.1　接触轨供电系统原理

接触轨式接触网是沿走行轨道并且与之平行敷设，为轨道交通车辆提供牵引动力的供电装置。因接触轨敷设在钢轨旁边，且形状与列车走行轨相似，故又称为第三轨。其功能与架空式接触网一样，通过它将电能输送给电动车组。

接触轨供电系统是以接触轨为正极，走行轨为负极，并分别通过馈线电缆和回流电缆与牵引变电所连接。

接触轨式接触网的供电电压为直流 750 V 或 1 500 V。因为用接触轨供电，占用空间小、施工安装方便、结构简单、供电可靠、维护方便、景观效果好。

在接触轨系统上运行的机车，其下部旁边设有集电靴（也叫受电靴）。列车通过集电靴与接触轨滑动接触而获得电能。车辆集电靴实物图如图 4-1-1 所示。

图 4-1-1　车辆集电靴实物图

集电靴设置的要求如下。

① 集电靴的设置要使机车在通过接触轨断口区时不发生断电现象，即两电气连通的集电靴间的最小距离要大于断口区的长度。

② 由于接触轨在道岔和车站站台处换边布置，因此要求车辆的两侧都要设置集电靴。

4.1.2 接触轨供电系统的布置

1. 接触轨的布置原则

（1）在高架桥上，接触轨安装于列车行进方向的右侧。桥上接触轨布置形式如图 4-1-2 所示。

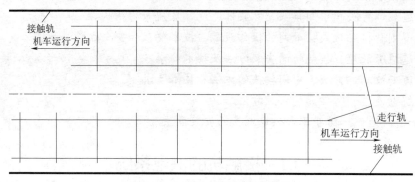

图 4-1-2 桥上接触轨布置形式

（2）在地下区段，接触轨安装于列车行进方向的左侧。地下接触轨布置形式如图 4-1-3 所示。

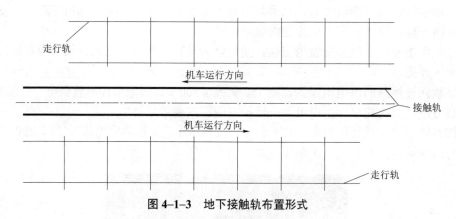

图 4-1-3 地下接触轨布置形式

（3）接触轨在车站站台处布置在站台的对侧，避免旅客跌落在线路上而发生电击事故。车站接触轨布置形式如图 4-1-4 所示。

2. 接触轨的安装位置

（1）在直线区段，接触轨中心至轨道中心的水平距离为 1 510 mm，接触轨受流面距走行轨轨顶的垂直距离为 200 mm。施工允许偏差为 ±5 mm。接触轨直线安装图如图 4-1-5 所示。

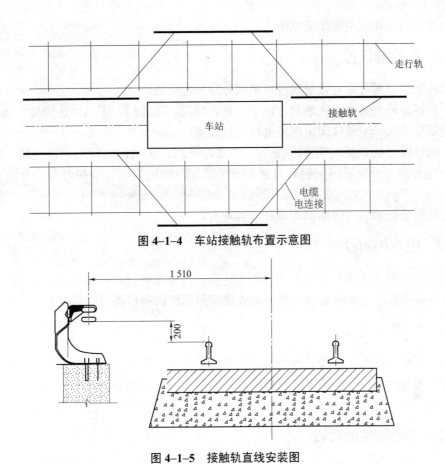

图 4-1-4　车站接触轨布置示意图

图 4-1-5　接触轨直线安装图

（2）在曲线区段，接触轨面安装不但与走行轨平面保持平行；接触轨中心至轨道中心的水平距离和接触轨受流面距走行轨轨顶的垂直距离与直线区段相同。弧度应圆顺、无硬弯。接触轨曲线安装图如图 4-1-6 所示。

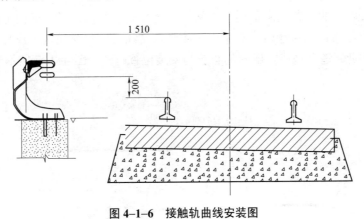

图 4-1-6　接触轨曲线安装图

4.1.3　接触轨的跨距

接触轨的跨距不得大于 5 m，膨胀接头处跨距以不得大于 3 m 为宜，在膨胀接头、端部弯头、道岔及曲线处间距应相应减小。

4.1.4　断轨的设置

通过断轨的设置可以对接触轨进行机械分段和电分段。

（1）机械分段主要设置在道岔，地下车站人防门、防淹门，车站换边等处。断轨采用接触轨自然断开方式，两断轨间用电缆进行电气连接。

（2）电分段主要设置在有牵引变电所的车站一侧，正线间的渡线、折返线、停车线与正线间设电分段；断轨采用接触轨自然断开方式，两断轨间电气连接时要依靠隔离开关来实现。

（3）断轨处接触轨的两端部均设置端部弯头。

4.1.5　电连接的设置

接触轨在供电分区相邻断轨之间设置电连接，用电缆将固定在断口两端接触轨上的电连接板进行电气连接。温度伸缩接头处的电连接采用铜板或铜杆连接。

4.1.6　锚段长度

膨胀接头布置在两个锚段之间的补偿装置由于温度变化引起的三轨纵向伸缩进行补偿。地面区段锚段长度为 75 m，地下隧道内锚段长度为 90 m，距洞口 500 m 范围内的隧道中设置的锚段按地面段考虑。

4.1.7　中心锚结的设置

中心锚结（也叫防爬器）一般设置在锚段的中部。其作用是防止接触轨因温度变化或其他原因而产生纵向位移。

4.1.8　道岔区段接触轨布置应满足的要求

道岔区段接触轨的布置应满足列车正常、安全行驶的要求，以保证列车在正线行驶时，集电靴不碰触岔线敷设的接触轨，列车由正线驶入岔线或由岔线驶入正线时，不碰触正线敷设的接触轨。因此，道岔区段接触轨的布置与安装位置有关。图 4-1-7 所示为 9#道岔接触轨布置示意图。

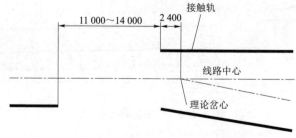

图 4-1-7　9#道岔接触轨布置示意图

4.2　接触轨式接触网的组成

接触轨式接触网主要由接触轨、端部弯头、接触轨接头、防爬器、底座和绝缘支架、防护罩和防护罩支撑等构成。

4.2.1　接触轨

1. 接触轨的分类

接触轨是接触轨式接触网（三轨）系统中的导电轨。接触轨有低碳钢轨和钢铝复合轨。

（1）低碳钢轨的主要特点是磨耗小、制作工艺成熟、价格较低，主要规格有 DU48 和 DU52 型。这种导电轨重量轻，导电率高。

（2）钢铝复合轨的主要特点是导电率高、重量轻、磨耗小、电能损耗低，类型从 300 A 至 6 000 A。钢铝复合轨的接触面有效宽度为 65 mm，高度为 105 mm。铜铝复合轨结构如图 4-2-1 所示。

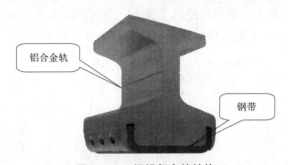

铝合金轨

钢带

图 4-2-1　铜铝复合轨结构

2. 钢铝复合轨的优点

① 它的电阻小，可以延长供电距离，减少变电所数量。

② 耐磨性好、电损失小、抗腐蚀和氧化性能好。

③ 电阻率低（约为钢导电轨的 24%），导电性能大幅提高，可通过 300～6 000 A 的电流。

④ 接触轨重量轻，标准长度为 15 m，重量为 218 kg。支撑点间距可适当加大，从而减少了支架数量及维修量。

⑤ 接触轨的轨面为不锈钢材料，对不锈钢层进行了磨耗实验，其使用寿命大于 100 年。

3. 接触轨的安装形式

1）上磨式

上磨式接触轨安装在专用绝缘子上，底面朝下受流面朝上，机车受电靴通过下压力取流。上磨式接触轨结构图如图 4-2-2 所示。

上磨式的接触压力不由受流器（集电靴）的重量和磨耗情况而决定，只受弹簧支座特性的控制，受流平稳。

上部接触轨受流方式，只能从顶部和线路外侧对接触轨进行防护，因此防护不够严密，安全性稍差，接触轨表面容易附着杂物、粉尘、冰雪等，对列车取流会产生一定的影响。

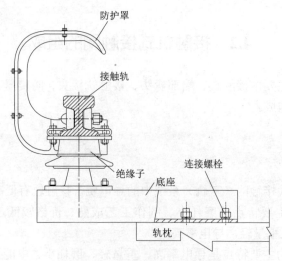

图 4-2-2　上磨式接触轨结构图

2）下磨式

下磨式接触轨底面朝上，紧固在绝缘支架上，并且由固定在轨枕上的肩架予以支持（或直接安装在绝缘支架上）。下磨式接触轨结构图如图 4-2-3 所示。

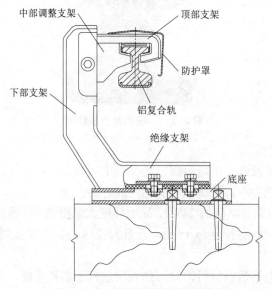

图 4-2-3　下磨式接触轨结构图

下磨式接触轨的受流面朝下，机车受电靴通过上抬力取流。下部接触式受流方式，防护罩可以从顶部和内、外侧对接触轨进行防护，紧密地罩住接触轨，使接触轨不易附着粉尘及冰雪等杂物，防护更加严密，可防止人员无意识地触及接触轨带电部分，因而安全性更高。

下磨式的优点是便于加防护罩，对工作人员较为安全。这种方式安装结构较为复杂，费用较高。

3）侧磨式

侧磨式接触轨是将接触轨底部侧面通过支架安装在固定支架上，集电靴自侧面接触取流。

侧磨式接触轨结构图如图 4-2-4 所示。其主要特点与下磨式受流方式基本相同，但安装最复杂，造价也高，实际应用很少。

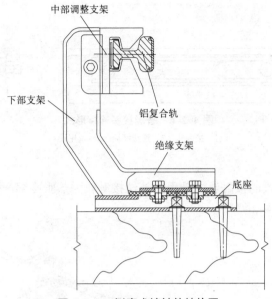

图 4-2-4　侧磨式接触轨结构图

4.2.2　端部弯头

端部弯头是安装在接触轨断口处，与接触轨相连接，用于引导受电靴可靠过渡或平稳离开接触轨受流面的部件，为了保证集电靴从接触轨的一个分段顺利过渡到另一个分段，而安装在分段两端、向上翘起的特制钢铝复合轨上。端部弯头分为正线和车场线两种，正线弯头长度为 5.2 m，车场线弯头长度为 3.4 m。端部弯头效果图如图 4-2-5 所示。

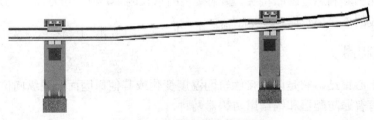

图 4-2-5　端部弯头效果图

4.2.3　接触轨接头

接触轨接头分为普通接头和膨胀接头。

1. 普通接头

普通接头连接相邻的两根接触轨，采用钢制鱼尾板进行接触轨间的连接，接头与支撑点的距离不小于 600 mm。

普通接头配有紧固件 4 套，每套包括 M16 型螺栓、蝶形弹垫各一个，螺母、平垫各两个，采用双螺母可防松。蝶形弹垫和平垫为不锈钢材质。

普通接头本体上有对称的四个$\phi17$孔。普通接头连接形式如图4-2-6所示。

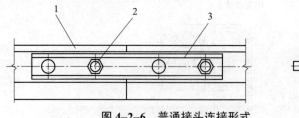

图 4-2-6　普通接头连接形式

1—接触轨；2—连接螺栓；3—鱼尾板

2. 膨胀接头

膨胀接头连接两锚段的接触轨，是用于补偿接触轨因热胀冷缩产生的长度变化的部件。膨胀接头安装效果如图4-2-7所示。

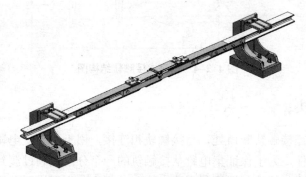

图 4-2-7　膨胀接头安装效果

膨胀接头分成三段接触轨，中间轨较短，两侧轨较长，长轨与短轨之间通过鱼尾板连接，以保证集电器能够顺利通过膨胀接头，膨胀接头的总长为 1 775～1 995 mm。膨胀接头安装在接触轨两个锚段的连接部位。

4.2.4　防爬器

防爬器即中心锚结，它是防止接触轨因温度变化或其他原因而产生纵向位移的一种固定装置。其类型有普通防爬器和锚结用防爬器两种。

（1）普通防爬器：普通防爬器的作用是将接触轨与绝缘支架进行固定，防止接触轨向两侧窜动。普通防爬器设置在锚段的中部，每处安装两套普通防爬器，分别位于绝缘支架的两侧，夹住绝缘支架，从而限制接触轨在顺线路方向上的滑动。普通防爬器由一对梯形截面铝块组成，用两套紧固件安装固定。防爬器安装效果图如图 4-2-8 所示。

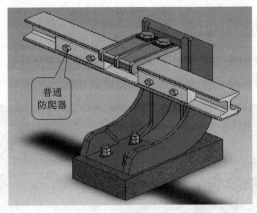

图 4-2-8 防爬器安装效果图

（2）锚结用防爬器：锚结用防爬器除了将接触轨与绝缘支架进行固定外还把接触轨与地面基础物进行固定。锚结用防爬器安装在曲线部位绝缘支架的两侧，下锚固定，其安装图如图 4-2-9 所示。

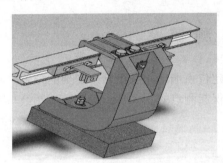

图 4-2-9 锚结用防爬器安装图

4.2.5 底座和绝缘支架

（1）底座是支撑绝缘支架并固定接触轨、起支撑作用的装置。绝缘支架是坐在底座上固定接触轨的绝缘支撑。

（2）下磨式接触轨的安装底座一般采用绝缘式整体底座。接触轨绝缘式整体底座实物图如图 4-2-10 所示。整体底座一般安装在轨道整体道床或专用基础上；按照线路情况又分为直线区段整体底座和曲线区段整体底座。

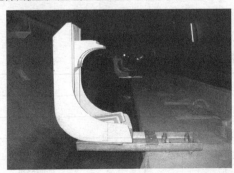

图 4-2-10 接触轨绝缘式整体底座实物图

4.2.6 防护罩及防护罩支撑

防护罩及防护罩支撑均采用玻璃纤维增强树脂材料。该材料具有绝缘、不生锈、不易燃烧等特性。其采用材质与整体绝缘支架相同。防护罩实物图如图 4-2-11 所示。

图 4-2-11　防护罩实物图

4.3　施 工 测 量

依据线路情况及施工图纸（参看附图）找出定位点端部弯头第一个支架的位置。测量前应对起测点（道岔岔心、公里标）进行复核，确保起测点的正确性。复核设计图纸与现场整个锚段长度，确认无误后进行正式标记测量。

4.3.1　劳动组织

1）人员组织（见表 4-3-1）

表 4-3-1　人员组织

序号	人员	单位	数量	备　注
1	技术人员	人	1	全面负责技术
2	工长	人	1	指挥施工
3	安全防护员	人	2	轨行区安全防护
4	施工人员	人	3	具体操作

2）主要工具、材料（见表 4-3-2）

表 4-3-2　主要工具、材料

序号	名称	规格	单位	数量	备　注
1	钢卷尺	100 m	把	1	整体拉链
2	钢卷尺	5 m	把	1	辅助测量
3	线坠	0.5 磅	个	1	辅助测量
4	水平尺	500 mm	把	1	辅助测量

序号	名 称	规 格	单位	数量	备 注
5	孔位模具		个	1	钻孔点定位
6	综合测量仪		个	1	自制（控制轨道横向垂直）
7	安全警戒灯		个	2	间隙红闪
8	记号笔		支	2	
9	油漆	0.5 kg	桶	1	白色（轨腰标记）
10	油漆	0.5 kg	桶	1	红色（孔位标记）
11	排笔		把	1	

4.3.2 纵向测量

① 以车站中心标、道岔岔心标或图纸公里标为测量起点开始测量。

② 根据设计技术要求（弯部端头距第一绝缘支架的距离，在不同的地区、不同的温度、直线区段与曲线区段都不一样。）测定出第一个支架定位点的位置，用粉笔在钢轨轨腹上做好标记，并注明锚段和绝缘底座定位编号。

③ 按照设计规定的跨距值，沿钢轨依次测量并标记各支架位置的纵向标记和支架编号。曲线区段沿曲线外侧钢轨进行测量。

④ 一个锚段测量完后，对此锚段的长度进行复核。

⑤ 作业人员用白油漆在钢轨轨腰处做出纵向标记及支架编号。

4.3.3 横向测量

① 将接触轨综合测量仪放到钢轨上的纵向测量标记处，并将其垂直于轨道中心线的位置。

② 测出绝缘支架底座锚固螺栓孔位的中心位置，在道床上标记出该中心点，记为"×"。同时，在测量仪上读出数据，记录该处道床或轨枕平面距轨面的高度。

③ 在曲线区段利用测量仪、水平尺和钢卷尺测出轨道外轨超高，并记录该值。

④ 用测量模板定位标记出锚螺栓孔的位置。横向定位测量如图 4–3–1 所示。

⑤ 用油画笔将红油漆标记孔位位置，并在道床上标明该定位的超高、型号等相关数据。

图 4–3–1 横向定位测量

4.3.4　技术要求

① 测量前应对起测点进行复核，确保起测点的正确性。

② 使用钢卷尺进行测量，严禁使用皮卷尺。

③ 曲线区段沿曲线外轨进行测量。

④ 测量中定位点如遇到道床伸缩缝或其他障碍物时，可做适当调整，调整范围不大于 0.3 m，最大跨距不超过 5 m。

⑤ 膨胀接头处、端部弯头处绝缘支架定位点按照技术要求测定标记。

⑥ 制作出各种模板，并标出中心线。测量时划出底座中心线位置，用模板测出锚螺栓孔的位置。

⑦ 横向测量时，绝缘支架的模板中心线应垂直线路中心线，螺栓孔距间的施工误差为 ±2 mm。

4.3.5　安全注意事项

① 所有人员进入施工场地必须戴安全帽，穿防护服。

② 安全防护员及时到位并保证通信联络的畅通。

③ 施工完毕清理现场，确认对行车无影响时测量人员方可离开。

④ 注意既有设施的保护，文明施工，做到工完料清。

4.4　安装绝缘底座

4.4.1　劳动组织

1）人员组织（见表 4-4-1）

表 4-4-1　人员组织

序号	人员	单位	数量	备　注
1	技术人员	人	1	全面负责技术
2	工长	人	1	现场指挥施工
3	安全防护员	人	2	现场安全防护
4	电工	人	1	电源连接
5	施工人员	人	5	具体操作

2）主要工、机具（见表 4-4-2）

表 4-4-2　主要工、机具

序号	名称	规格	单位	数量	备　注
1	轨道车		台	1	配平板，用于材料转运
2	冲击钻	TE-25	台	1	配专用钻头

续表

序号	名称	规格	单位	数量	备　注
3	吹尘器		个	1	
4	综合测量仪		把	1	
5	孔位模具		个	1	
6	配电盘	3×2.5	个	1	
7	发电机		台	1	备用（无临电处用）
8	专用敲击工具		套	1	
9	手锤	4磅	把	1	
10	钢卷尺	5 m	把	1	
11	清孔毛刷		把	1	
12	扭矩扳手		把	2	
13	记号笔		支	1	
14	电工工具		套	1	
15	水平尺	500 mm	把	1	
16	水磨钻		台	1	定位点无法调整时打孔
17	安全警戒灯		个	2	间隙红闪

3）材料（见表 4-4-3）

表 4-4-3　材料

序号	名称	规格	单位	数量	备　注
1	后切底膨胀螺栓	FZA22*100M16/80	套	若干	用于直线
2	后切底膨胀螺栓	FZA22*100M16/100	套	若干	用于曲线
3	绝缘支架底座	DZ	套	若干	用于直线
4	绝缘支架底座	DQN	套	若干	用于曲线
5	绝缘支架	528 型	套	若干	用于直线
6	绝缘支架	458 型	套	若干	用于曲线（端部弯头）

4.4.2　钻孔的操作步骤

① 作业人员检查核对各类数据无误后，准备好冲击钻、选钻头和钻孔模板。

② 以施工测量时标记在道床上的"+"字标记用模板核查孔位。使用钢筋探测仪探测钻孔范围内是否有钢筋，以便避开钢筋。

③ 先用模板在孔位上钻出 3～5 mm 的凹槽，取下模板，一人持冲击电钻钻孔，并保持钻头垂直于安装平面，一人持吹尘器将尘屑吹向无人侧。

④ 达到钻孔深度后，钻头长度标记抵住道床或轨枕平面，以钻头加粗部分为支点进行环状旋转，对钻孔底部进行锥形扩削，形成柱锥钻孔。

⑤ 钻完孔后，检查孔深、孔距等尺寸并做好钻孔记录。

4.4.3 安装螺栓

① 安装螺栓前先用清孔毛刷、清孔气囊清除孔内杂物。

② 根据线路状况（直线区段、曲线区段）选用后切底锚栓，放入孔中，使用专用工具安装。将锚栓膨胀套管推至低于混凝土表面至 1～2 mm，露出蓝色标记，即表示锚栓已安装到位。螺栓预埋效果图如图 4–4–1 所示。

图 4–4–1 螺栓预埋效果图

4.4.4 螺栓拉力测试

① 在待测螺栓上安装好测试仪。

② 逐渐加大拉力至规定测试值，并保持 3～5 分钟，如无异常，即可通过测试，做好测试记录。

③ 如螺栓被拉出，应分析找出原因，并对同一作业批次的螺栓全部测试。

4.4.5 安装整体绝缘支架

① 绝缘底座选型，根据测量记录及曲线外轨超高数据，选择相应类型的绝缘底座。安装前，对将要安装的各零部件先进行检查，并依据图纸核实型号。在底座与混凝土平板或轨枕之间用垫楔子的方法将底座调至与轨平面平行。

② 根据线路状况（直线区段、曲线区段）选用整体绝缘支架；将装配好的整体绝缘支架，逐点对号按照设计要求进行安装。整体绝缘支架安装正确、牢固，配件齐全。

③ 高度、平行度、侧面限界初调。采用接触轨综合测量仪、水平尺及钢卷尺相结合调整绝缘支架的铅垂中心线与轨面垂直，将侧面限界调至设计值。高度调整要调整绝缘支架与固定颚连接螺栓的位置。

底座、绝缘支架安装效果图如图 4–4–2 所示。

图 4-4-2 底座、绝缘支架安装效果图

4.4.6 安全注意事项

各项安装工作完毕后，清理包装物、下脚料等杂物，恢复施工前现场的原样。

4.5 安装接触轨

4.5.1 作业前的准备

（1）安装接触轨前应进行外观检查，接触轨的运输单元为每 12 根轨一捆，采用单根防水、防潮包装后，装入钢制框架箱，加木制防护垫，经螺栓压紧，以防止各向窜动的包装形式，能够有效地保证接触轨运输、吊装。

（2）在接触轨装卸作业中应遵守下列规定。

① 接触轨应采用长度大于 1/3 轨长（L）的横梁配用两根以上吊带进行吊运。起吊位置示意图如图 4-5-1 所示。

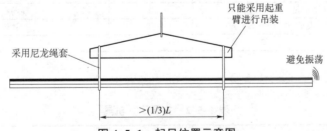

图 4-5-1 起吊位置示意图

② 吊带必须采用尼龙等柔性材料，禁止使用其他绳或带。

③ 使用叉车装接触轨时，必须采取有效措施防止因轨的端部发生摆动而引起的损坏。

④ 接触轨堆放场地平整，堆垛应用支垫物，支承点不得小于四个，多层叠放时各层支垫物位置在同一垂直线上，各层支承点在同一平面上。

⑤ 若接触轨成捆堆放，要每隔 3 层，在与接触轨垂直的方向上放一层横梁，以提高堆放的稳定性。接触轨码放示意图如图 4-5-2 所示。

（3）预制接触轨。

① 切割接触轨、钻孔。加工制作长度小于 15 m 的接触轨时，首先在接触轨专用制作平台上，根据所需要的长度使用切割机切割接触轨。切割机垂直于接触轨纵向中心线，切割后

的切割面要保证与接触轨纵向中心线呈 90°，符合接触轨截面尺寸偏差要求。切割完成后，使用接触轨钻孔工具进行钻孔。切割、钻孔后的余渣应清除干净，并用角磨机和锉刀将切割平面及孔洞周边的毛刺清除。然后进行试对接，对接应密贴、无错位偏斜现象，满足接触轨安装标准。

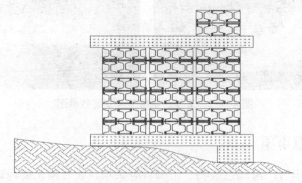

图 4-5-2　接触轨码放示意图

② 接触轨预弯：当线路的曲线半径大于等于 100 m 时，钢铝复合轨可以直接弯曲安装；当线路的曲线半径小于 100 m 时，钢铝复合轨则需要加工预弯。根据现场实际及设计图纸，将预弯接触轨的数量、预弯半径和安装的长度提供给厂家，由厂家对接触轨进行预弯。

4.5.2　劳动组织

1）人员组织（见表 4-5-1）

表 4-5-1　人员组织

序号	人员	单位	数量	备　注
1	技术人员	人	1	全面负责技术
2	工长	人	1	现场指挥施工
3	安全防护员	人	2	现场安全防护
4	施工人员	人	10	具体操作
5	电工	人	1	

2）主要工、机具（见表 4-5-2）

表 4-5-2　主要工、机具

序号	名称	规格	单位	数量	备　注
1	综合测量仪		台	1	
2	专用夹具		把	1	抬接触轨用
3	接触轨托架		个	4	安装接触轨
4	千斤顶		把	1	
5	专用敲击工具		套	1	
6	扭矩扳手		把	4	
7	钢卷尺		把	2	
8	水平尺		把	1	
9	安全警戒灯		个	2	间隙红闪
10	切割机		台	1	

续表

序号	名称	规格	单位	数量	备　注
11	锉刀		把	1	
12	卡尺		把	1	测量膨胀接头间隙
13	冲击钻		把	1	
14	模板或夹具		快	2	打眼用

3）材料（见表 4-5-3）

表 4-5-3　材料

序号	名称	规格	单位	数量	备　注
1	接触轨	15	m	若干	用于直线
2	预制接触轨		m	若干	用于曲线
3	鱼尾板		套	若干	用于接触轨接头
4	电力油脂		桶	若干	用于接头
5	排刷		支	若干	用于接头
6	红油漆		桶	1	
7	排笔		支	2	做标记
8	钻头	$\phi 17\,mm$	根	4	

4.5.3　安装端部弯头

端部弯头按照正线和车场线分为两种，正线弯头长度为 5.2 m，端部弯头两端的高度差 126 mm；车场线弯头长度为 3.4 m，端部弯头两端的高度差 129 mm，端部弯头同接触轨之间采用普通接头连接。接触轨端部弯头示意图如图 4-5-3 所示，端部弯头实际安装效果如图 4-5-4 所示。

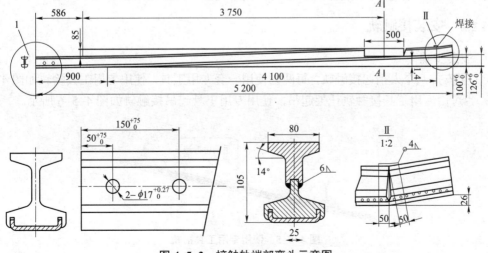

图 4-5-3　接触轨端部弯头示意图

图 4-5-4　端部弯头实际安装效果

1. 操作步骤

① 安装接触轨时，首先从本锚段接触轨两端开始安装，即首先安装两端端部弯头，然后由两端端部弯头向中间逐根安装。

② 清理接触轨和端部弯头安装端面的污物，修整端面上的毛刺，检查端面与轨面的垂直度，垂直度允许偏差为±0.1度，最后在端面涂上一层极薄的导电油脂。

③ 使用 C 形夹具和两块质地软硬适中的木板（板长 500 mm、宽 90 mm、厚 15 mm，并且表面光滑平整），上下夹持住接触轨和端部弯头，使其两部分的对接保持在同一平面上，接头处无高低落差。

④ 将端部弯头抬起慢慢地放于绝缘支架的固定颚上，另外人员将接触轨扣件卡爪装上，并用扭矩扳手稍紧固，再调整端部弯头距最近的绝缘支架的距离和高度，使其符合设计要求。然后上紧接触轨卡爪螺丝，并用临时锚固夹具在绝缘支架处将端部弯头卡住，防止在接触轨安装过程中顺线路发生位移。

⑤ 将配件表面用钢丝刷打磨清理干净，并在端部弯头的连接面上涂导电油脂。

2. 技术要求

① 安装端部弯头时测量端部弯头端部到支架的距离、支架到支架的距离是否符合设计标准（不同地区、不同温度、直线区段和曲线区段都不一样）。

② 接触轨端部弯头端部与相邻走行轨顶平面的高度：端部弯头长度为 5.2 m 时，高度为 285 mm±5 mm；端部弯头长度为 3.4 m 时，高度为 265 mm±5 mm。

4.5.4　安装接触轨

1. 安装步骤

① 可安排八个人抬起接触轨，每两人使用一套专用工具，使用专用工具抬轨如图 4-5-5 所示；也可用专用工具接触轨托架起吊，使用专用工具起吊接触轨如图 4-5-6 所示。

手柄可拆卸

图 4-5-5　使用专用工具抬轨

图 4-5-6　使用专用工具起吊接触轨

　　图 4-5-7 所示为接触轨到固定颚效果图，把接触轨推送到位，接触轨腰腹部应放置到支座的固定颚上。另外两个人用卡爪零件卡住接触轨。图 4-5-8 所示为卡爪卡住接触轨图。调整卡爪位置，使接触轨位于正确的位置。

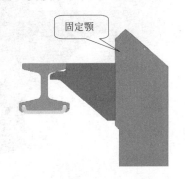

图 4-5-7　接触轨到固定颚效果图

图 4-5-8　卡爪卡住接触轨图

　　② 检查接触轨连接是否对齐平滑，与相应走行轨的平面高度是否符合要求，使接触表面在水平方向与走行轨平面平行。图 4-5-9 所示为接触轨调整图。

图 4-5-9　接触轨调整图

　　③ 调整到位，将螺栓依次穿过止动垫片、方形垫片、卡爪、支座，拧入螺母。图 4-5-10 和图 4-5-11 所示分别为安装接触轨示意图、安装到位截面图。使用扭矩扳手拧紧到 44 N•m，待整个线路段调整完毕，将止动垫片向上撬起，使其与螺栓的一个六方平面紧贴。

2. 技术要求

① 接触轨中轴线至相邻走行轨线路中心的距离为 1 510 mm，允许误差为±5 mm。

② 接触轨轨面应与走行轨轨面平行，其垂直距离为 200 mm，允许偏差为±5 mm。

③ 接触轨轨面在两相邻绝缘支架的相对高差不大于 3 mm，困难条件不大于 5 mm。

4.5.5　安装普通接头

普通接头用于连接固定相邻的两接触轨并传导电流。普通接头截面效果图如图 4-5-12 所示。

① 检查接触轨接缝部位是否安装平齐，不允许有高低落差或扭转现象，安装精度为 0.5 mm，安装效果图和接触轨对接效果图分别如图 4-5-13 和图 4-5-14 所示。

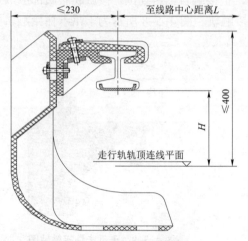

图 4-5-10　安装接触轨示意图

图 4-5-11　安装到位截面图

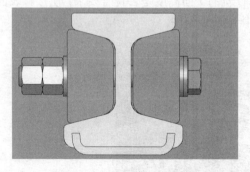

图 4-5-12　普通接头截面效果图

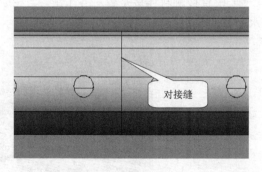

图 4-5-13　安装效果图

② 使用打孔机和专用固定夹具，在需要安装端部弯头的接触轨一端进行打孔，连同端部弯头上的孔共计 4 个，孔的直径为 ϕ17 mm，孔间距为 100 mm。

③ 将已安装到位的接触轨末端与要对接的接触轨首端清理干净，并涂上导电油脂。

④ 用钢丝刷将表面打磨并清理干净，并在连接表面涂导电油脂。

⑤ 安装普通接头，用鱼尾板和 4 根螺栓将两接触轨端头紧密连接起来。要确保接触轨的对接牢固可靠，螺栓紧固力矩为 70 N·m。

⑥ 将连接接头处多余的导电油脂擦干净，并清理现场。

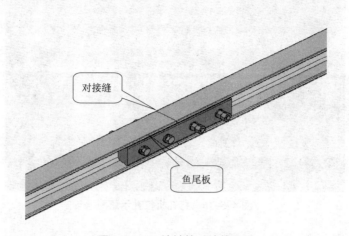

图 4–5–14　接触轨对接效果图

4.5.6　安装普通防爬器

① 根据施工平面图纸所示的支架两侧，确定防爬器的安装位置，根据安装图选择零件。普通防爬器组件图如图 4–5–15 所示。

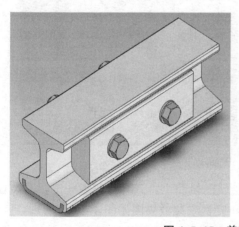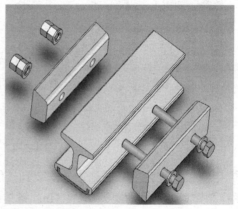

图 4–5–15　普通防爬器组件图

② 使用打孔机打孔，直径为 ϕ17 mm，间距为 100 mm，各两个孔。打孔机打孔示意图如图 4–5–16 所示。

③ 将所有配合体表面用钢丝刷打磨清理干净，并在防爬器本体的连接表面上涂导电油脂。

④ 将防爬器用两根螺栓安装到接触轨的轨腹处，并将螺栓拧紧。螺栓紧固力矩为 70 N • m。

⑤ 检查接触表面，将多余的油脂擦干净，安装完成后清理现场。

图 4-5-16 打孔机打孔示意图

4.5.7 安装锚结防爬器

① 按照施工图纸所示的位置，确定锚结防爬器的安装位置，并选择零件。

② 使用打孔机在绝缘支架两侧打直径为 $\phi17$ mm，间距为 100 mm，各两个孔。中锚组件如图 4-5-17 所示。

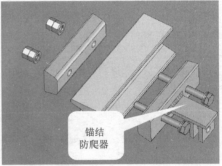

图 4-5-17 中锚组件

③ 用两根螺栓将中心锚结本体安装到接触轨的轨腹上。双耳接线板一定要安装在支架侧。螺栓要拧紧，紧固力矩为 70 N·m。锚结防爬器安装效果图如图 4-5-18 所示。

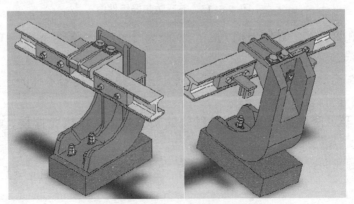

图 4-5-18 锚结防爬器安装效果图

④ 安装中锚 V 形拉线：在已浇筑好的混凝土基础顶部上连接中锚 V 形拉线。

⑤ 调整中锚两端拉线使其张力相等。锚结防爬器安装图如图 4-5-19 所示。

⑥ 检查安装状况，将多余的导电油脂清理干净，安装完成后清理现场。

4.5.8　安装膨胀接头

① 膨胀接头是安装在两个锚段衔接部位的，在平均温度时的长度为 1 875 mm。

② 用温度计测出安装接触轨时的温度。安装温度测试如图 4-5-20 所示。通过膨胀接头隧道外与隧道内施工温度安装间隙表（见表 4-5-4 和表 4-5-5）查出两个锚段的间隙值。

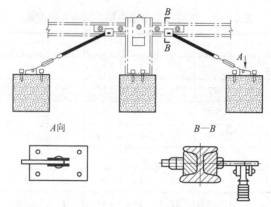

图 4-5-19　锚结防爬器安装图

图 4-5-20　安装温度测试

表 4-5-4　膨胀接头隧道外施工温度安装间隙表

施工轨温/℃	-5	-4	-3	-2	-1	0	1	2	3	4	5
预留间隙 δ/mm	74	73	72.6	72	71	70	69	68	67.6	67	66
施工轨温/℃	6	7	8	9	10	11	12	13	14	15	16
预留间隙 δ/mm	65	64	63	62.7	62	61	60	59	58.6	58	57
施工轨温/℃	17	18	19	20	21	22	23	24	25	26	27
预留间隙 δ/mm	56	55	54	53.6	53	52	51	50	49	48.6	48
施工轨温/℃	28	29	30	31	32	33	34	35	36	37	38
预留间隙 δ/mm	47	46	45	44	43.7	43	42	41	40	39.6	39

施工轨温/℃	39	40	41	42	43	44	45	46	47	48	49
预留间隙δ/mm	38	37	36	35	34.6	34	33	32	31	30.5	30
施工轨温/℃	50	51	52	53	54	55	56	57	58	59	60
预留间隙δ/mm	29	28	27	26	25.6	25	24	23	22	21	20.6
施工轨温/℃	61	62	63	64	65	66	67	68	69	70	
预留间隙δ/mm	20	19	18	17	16	15.6	15	14	13	12	

注：膨胀接头隧道外安装距离为 75 m，接触轨运行温度为−5～85 ℃。

表 4−5−5　膨胀接头隧道内施工温度安装间隙

施工轨温/℃	10	11	12	13	14	15	16	17	18	19	20
预留间隙δ/mm	74	73	72	71	70	69	68	67	66	65	64
施工轨温/℃	21	22	23	24	25	26	27	28	29	30	31
预留间隙δ/mm	63	62	61	60	59	58	57	56	55	54	53
施工轨温/℃	32	33	34	35	36	37	38	39	40	41	42
预留间隙δ/mm	52	51	50	49	48	47	46	45	44	43	42
施工轨温/℃	43	44	45	46	47	48	49	50	51	52	53
预留间隙δ/mm	41	40	39	38	37	36	35	34	33	32	31
施工轨温/℃	54	55	56	57	58	59	60	61	62	63	64
预留间隙δ/mm	30	29	28	27	26	25	24	23	22	21	20
施工轨温/℃	65	66	67	68	69	70					
预留间隙δ/mm	19	18	17	16	15	14					

注：膨胀接头隧道内安装距离为 90 m，接触轨运行温度为 10～85 ℃。

③ 用专用工具将膨胀接头装置两侧的滑轨小心地拉开，使间隙δ值符合施工温度的间隙表。伸缩预留值允许偏差为±5 mm。用木质楔固定，安装时保证间隙不变。膨胀接头间隙调整如图 4−5−21 所示。

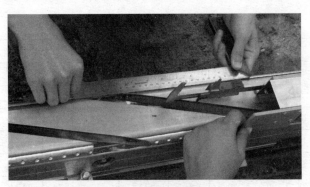

图 4−5−21　膨胀接头间隙调整

④ 预装配膨胀接头装置。在锚固夹板两侧面均匀涂抹活动型导电膏。紧固螺栓时，用扭矩扳手交替拧紧，中间 M16 螺栓紧固力矩为 48～50 N·m，两边 M16 螺栓紧固力矩为 20 N·m；电连接板与接触轨连接的 M10 螺栓紧固力矩为 25～31 N·m。安装时保证锚固夹板侧面与左右滑轨侧面紧密相贴，组成膨胀接头的三块轨的接触面应平齐。装配 U 螺栓时，用扳手交替拧紧 U 螺栓螺母，拧紧到弹簧长度为 14～16 mm 即可，安装完毕，用红油漆分别在 M16U 螺栓与螺母连接处做上标记。

⑤ 在膨胀接头两侧的接触轨端头处，放置两块高度相等的木块，木块上放置一块平木板，与已安装到位的接触轨的高度相等。

⑥ 抬起膨胀接头组件，把组件轻轻稳放在木板上，然后把膨胀接头推送到位。膨胀接头的实际安装效果如图 4-5-22 所示。

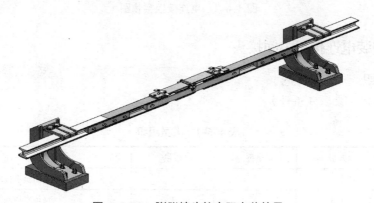

图 4-5-22　膨胀接头的实际安装效果

⑦ 膨胀接头与相邻接触轨之间的连接符合普通接头的技术要求。

⑧ 靠近膨胀接头处的防护罩要按实际需要长度切割。

⑨ 膨胀接头应安装在两个支架装置的中间部位，膨胀接头的每一端距支架装置的距离应相等，且不小于 400 mm。

4.5.9　安全注意事项

各项安装工作完毕后，要清理包装物、下脚料等杂物，恢复施工前现场的原样。

4.6　安装电连接和接地线

接触轨的电连接是用供电电缆通过电连接用中间接头将断口处两接触轨之间进行良好的电气连接。电连接用中间接头与普通中间接头有所不同，它由两片铝合金零件组成，一块是普通接头本体，另一块是在普通接头本体上焊有三个电连接板。它除了具有普通接头的作用外，还为电连接的安装提供了接线板。是供电电缆与接触轨实现电气连通的零件，电连接用中间接头安装在接触轨的任何位置，电连接板是用来连接供电电缆端子的。电连接板实物图如图 4-6-1 所示。

图 4-6-1 电连接板实物图

4.6.1 安装电连接用中间接头

1. 劳动组织

1）人员组织（见表 4-6-1）

表 4-6-1 人员组织

序号	人员	单位	数量	备 注
1	技术人员	人	1	全面负责技术
2	工长	人	1	现场指挥施工
3	安全防护员	人	1	现场安全防护
4	施工人员	人	3	具体操作

2）主要工、机具（见表 4-6-2）

表 4-6-2 主要工、机具

序号	名称	规格	单位	数量	备 注
1	发电机		台	1	备用（无电处用）
2	冲击钻	TE－25	台	1	配专用钻头
3	孔位模具		个	1	
4	钢卷尺	5 m	把	1	
5	专用敲击工具		个	1	
6	压接钳		个	1	
7	压接模具		套	1	
8	扭矩扳手		把	2	
9	手锤	4 磅	把	1	
10	电工工具		套	1	
11	钢丝刷		把	1	
12	钢锯		把	1	裁剪电缆
13	安全警戒灯		个	1	间隙红闪

3）材料（见表 4-6-3）

表 4-6-3　材料

序号	名称	规格	单位	数量	备　注
1	电连接鱼尾板		套	若干	
2	电缆	400 mm²	m	若干	
3	钻头	ϕ17 mm	根	4	接触轨接头
4	电力油脂		桶	1	用于接头
5	排刷		支	2	用于接头
6	钢锯条		根	若干	
7	胶带		卷	1	作电缆头
8	砂纸	中粒度	张	若干	
9	电连接端子		个	若干	铜铝过渡
10	电缆固定卡子		个	若干	依现场情况定
11	热缩管	ϕ50 mm	卷	若干	依现场情况定
12	接地扁铜	50 mm×10 mm	m	若干	

2. 操作步骤

① 将电连接中间接头安装到接触轨的轨腹处，用 4 根螺栓拧紧，要确保接线板在线路外侧。电连接一般设在距接触轨端部弯头端部 3 500 mm 处。

② 使用打孔机在选定部位打孔，孔径为 ϕ17 mm，间距为 100 mm，共计 4 个孔。

③ 将所有配合体表面用磨料或钢丝刷打磨清理干净，并在电连接中间接头的连接表面处涂导电油脂。

④ 拧紧其他螺栓，螺栓紧固力矩为 70 N·m。

⑤ 检查接触表面，将接头处多余的导电油脂擦干净。

3. 预制电连接电缆

① 根据现场两个电连接接头的距离计算连接电缆的长度。

② 电连接电缆的型号、材质、根数应符合设计要求。

③ 根据技术要求裁剪软电缆，截面要整齐。

④ 将电缆穿入铜铝过渡线夹内进行压接，压接应符合安装要求。

4. 安装电连接

按照电连接装配图的要求，将铜铝过渡线夹固定到接线板上。接触面均涂导电油脂。电连接电缆布置美观、合理，弯曲满足相关要求，螺栓紧固力矩应符合设计要求。电连接安装图如图 4-6-2 所示。

5. 技术要求

① 电缆接线板的位置至端部弯头的距离为 3 500 mm。

② 电缆两端接头与铜铝过渡线夹连接前，先用胶带缠绕再用电工工具剥制（150 mm² 软电缆绝缘层剥开长度为 70 mm，400 mm² 软电缆绝缘层剥开长度为 90 mm。剥制电缆时应注意不能划伤电缆导体外表面）。

③ 安装电缆时应考虑因温度变化而产生的预留长度。

④ 电连接所有安装接触面均应涂导电油脂。

⑤ 电连接与接触轨连接牢固可靠；电缆导体穿入端子压线孔的压接的握紧荷重应不小于 6.8 kN；电缆排列整齐、固定牢靠。安装电连接效果图如图 4-6-3 所示。

⑥ 接触轨换边时的电缆接线板应安装在远离线路中心一侧。

⑦ 在隧道侧壁固定电缆上。电连接电缆每隔 800 mm 用固定线夹在道床或隧道侧壁上固定。

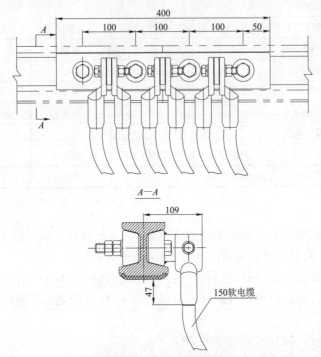

图 4-6-2　电连接安装图

图 4-6-3　安装电连接效果图

4.6.2　安装接地线

接触轨供电系统设独立的接地线，所有不带电金属部分均与接地线连接，再用电缆与牵引变电所内接地网相连，构成接触轨供电系统的接地保护回路。接地线一般采用扁铜板或扁铝板在绝缘支架底座上面安装。安装接地扁铝实物图如图 4-6-4 所示。

图 4-6-4　安装接地扁铝实物图

接触轨带电部分和接地体之间的最小净距，应符合表 4-6-4 中的规定。

表 4-6-4　接触轨带电部分和接地体之间的最小净距

标称电压/V	静态/mm	动态/mm	绝对最小动态/mm
750	25	25	25
1 500	150	100	60

1. 安装接地线

① 计算接地扁铜需要钻孔的位置，进行钻孔预制；在接地扁铜回牵引变电所处，测量绝缘支架至变电所所需电缆长度并进行接线端子的压接预制。接触轨断口间的接地线电缆测量、预制安装方法与前者相同。

② 安装接地扁铜，并按设计扭矩要求紧固螺栓；按电缆敷设要求安装与变电所间的电缆，并将回变电所的电缆连接到变电所接地母排上。

2. 安装接地线的技术要求

① 接地线的规格、型号、材质、各部尺寸及连接方式符合设计规定。

② 所有不带电金属底座均应与接地线可靠连接，接地线连接无断点、无遗漏。接地线采用扁铜或扁铝，与不带电金属底座连接的孔位按现场实测钻孔，接地线接头搭接长度符合设计要求，连接牢固可靠。

③ 接地线与牵引变电所接地网可靠连接，连接符合设计规定。

④ 电缆布置规整、弯曲半径符合要求，电缆中间无接头，电缆与接线端子压接牢固。

4.6.3　安装供电电缆

供电电缆在接触轨上的安装采用接线板连接方式，为了保证接触轨投入运行后连接处能够通过持续大的电流，要将接线板和接触轨焊接，然后通过铜铝过渡线夹将供电电缆和接线板连接固定。

接触轨与接线板的连接分一字形和 L 形两种形式，如图 4-6-5 所示。

1. 接线板在接触轨上的焊接

① 焊接接触轨和接线板前，打磨接触轨焊接处，保证焊接面无油、无污、平整、光亮；

② 将接线板及焊接模具与接触轨可靠固定，扣紧模具把手；

③ 把焊接金属放入模具内，把引燃剂撒在焊剂及模具边缘；

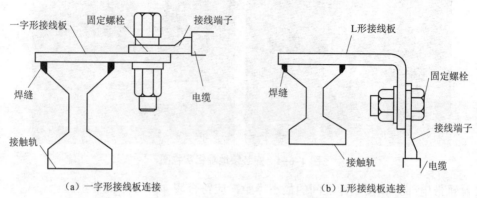

（a）一字形接线板连接　　　　　　　　（b）L形接线板连接

图 4-6-5　接触轨与接线板的连接

④ 盖上模具盖子并点燃引燃剂，待金属凝固后打开模具；

⑤ 焊接接线板牢固后，用钢丝刷对焊接处进行焊渣清理，然后在焊接处涂防锈漆和防腐漆。

2. 电缆在连接板上的安装

① 接线端子和连接板连接之前，先对接线端子进行镀锡处理，用液化气喷枪对锡罐进行加热至固体锡完全熔化，然后将接线端子浸入锡罐进行热镀，再用细砂纸进行轻轻抹擦以保证镀锡层平滑。

② 安装接线端子和接线板。

对于一字形接线板将接线端子的平面贴在接线板的上面，用力矩扳手拧紧螺栓，螺栓由上向下穿，如图 4-6-5（a）所示；对于 L 形接线板，将接线端子的平面贴在接线板立面的外侧，然后用力矩扳手紧固螺栓，螺栓方向由外朝内穿，如图 4-6-5（b）所示。

3. 测量接触轨的绝缘电阻及泄漏电流

当安装完毕一段接触轨后，要测量本段接触轨的绝缘电阻及泄漏电流，检查是否满足规范要求。

4.6.4　安全注意事项

各项工作安装完毕后，要清理包装物、下脚料等杂物，恢复施工前现场的原样。

4.7　安装防护罩

防护罩的作用是避免检修人员无意触碰到带电的设备、防止杂物及冰雪落在接触轨上。一般采用玻璃纤维增强树脂材质的防护罩，机械性能在工作支撑条件下可承受 100 kg 垂直荷载，并在高温下具有自熄、无毒、无烟和耐火的性能。安装防护罩实物图如图 4-7-1 所示。防护罩按安装位置可分为：接触轨（支架间）防护罩、绝缘支架防护罩、电连接接头防护罩、中心锚结防护罩、端部弯头防护罩、膨胀接头防护罩。

图 4-7-1　安装防护罩实物图

4.7.1　劳动组织

1）人员组织（见表 4-7-1）

表 4-7-1　人员组织

序号	人员	单位	数量	备　注
1	技术人员	人	1	负责全面技术
2	工长	人	1	现场全面指挥
3	安全防护员	人	2	安全防护
4	施工人员	人	5	具体实施操作

2）主要工、机具（见表 4-7-2）

表 4-7-2　主要工、机具

序号	名称	规格	单位	数量	备　注
1	轨道车		组	1	材料转运
2	平板车			1	有制动功能
3	橡皮锤		个	2	
4	钢卷尺	10 m	把	1	
5	切割机		台	1	
5	安全警戒灯		个	2	间隙红闪

3）材料（见表 4-7-3）

表 4-7-3　材料

序号	名称	规格	单位	数量	备注
1	防护罩支撑卡			若干	依现场情况选定
2	普通防护罩			若干	依现场情况选定
3	支架防护罩			若干	依现场情况选定
4	电连接接头防护罩			若干	依现场情况选定

续表

序号	名称	规格	单位	数量	备注
5	中心锚结防护罩			若干	依现场情况选定
6	端部弯头防护罩			若干	依现场情况选定
7	膨胀接头防护罩			若干	依现场情况选定

4.7.2 操作步骤

① 对接触轨及绝缘支架等进行清洁，保证设备的干净。

② 加工防护罩：按照支架间的实际跨距所需防护罩的长度，进行切割加工。

③ 安装防护罩支撑卡块：防护罩支撑卡块按照 500 mm 的间距安装在接触轨上。

④ 安装防护罩：先安装接触轨防护罩，然后安装端部弯头防护罩、电连接接头防护罩、绝缘支架防护罩、中心锚结防护罩和膨胀接头防护罩。

⑤ 检查：安装的防护罩和防护罩支撑卡块是否安装匹配，防护罩有无损坏等。防护罩与防护罩支撑卡块的安装如图 4-7-2 所示。

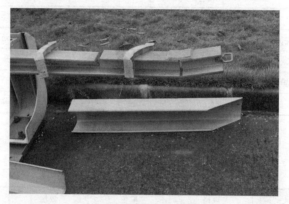

（a）防护罩支撑卡安装图

（b）防护罩安装实物图

图 4-7-2　防护罩与防护罩支撑卡块的安装

4.7.3 安装防护罩的技术要求

① 要严格按防护罩设计要求尺寸加工防护罩，加工后的切口要打磨光滑。

② 选配防护罩应符合设计要求；要确保防护罩已完全卡住防护罩卡块。

③ 防护罩支撑的间隔及固定方式应符合设计要求。

④ 防护罩搭接长度应符合设计规定，安装后的防护罩间应无缝隙。

⑤ 防护罩应将接触轨端部弯头罩住，外留长度符合设计要求。

4.7.4　注意事项

① 在运输、安装、加工过程中防护罩勿要损坏、扯裂。

② 在安装防护罩过程中，勿要损坏防护罩支撑卡块。

③ 施工人员进入施工场地必须佩戴安全帽、穿防护服。

④ 施工区作业安全防护员及时就位，保证联络的畅通。

⑤ 工作完毕后，清理包装物、下脚料等杂物，恢复施工前现场的原样。

本 章 小 结

（1）接触轨式接触网是沿走行轨道并且与之平行敷设，为车辆提供牵引动力的接触受流供电装置。因其敷设在钢轨旁边，且形状与走行轨相似，故又称为第三轨。供电系统是以接触轨为正极，走行轨为负极，并分别通过馈线电缆和回流电缆与牵引变电所连接。供电电压为直流 750~1 500 V。

（2）接触轨的布置原则：在高架桥上，将接触轨安装在列车行进方向的右侧；在地下区段，将接触轨安装在列车行进方向的左侧；车站上接触轨布置在站台的对面。

（3）接触轨的跨距一般不宜大于 5 m，膨胀接头处跨距以不大于 3 m 为宜，地面区段锚段长度为 75 m，地下隧道内锚段长度为 90 m。

（4）接触轨式接触网由接触轨、端部弯头、接触轨接头、防爬器和绝缘底座等构成。安装形式有上磨式、下磨式和侧磨式。

（5）端部弯头是安装在接触轨断口处，用于引导受电靴可靠过渡或平稳离开接触轨受流面的部件。

（6）施工测量分纵向测量和横向测量两种。

① 纵向测量时首先确定测量起点，依跨距设计值沿钢轨进行，曲线区段沿外轨丈量。

② 跨距调整误差不得大于 0.3 m，调整后的跨距不得大于 5 m。

③ 弯部端头距第一绝缘支架的距离，在不同的地区、不同的温度、直线区段与曲线区段都不一样。

④ 横向测量按限界设计值进行，施工偏差为 2 mm。

（7）安装接触轨绝缘底座的步骤：钻孔、安装螺栓、测试螺栓拉力、安装底座、整体绝缘支架。

（8）安装接触轨端部弯头的技术要求如下。

① 安装端部弯头时测量端部弯头端部到支架的距离、支架到支架的距离是否符合设计标准（不同地区、不同温度、直线区段和曲线区段都不一样）。

② 端部弯头端部与相邻走行轨顶平面的高度（端部弯头长度为 5.2 m 时，高度为 285 mm ±5 mm；端部弯头长度为 3.4 m 时，高度为 265 mm±5 mm）。

（9）安装接触轨有：安装端部弯头、安装接触轨、安装普通接头、安装防爬器和膨胀接头。

（10）安装接触轨的技术要求如下。

① 接触轨中心至轨道中心的水平距离为1 510 mm。

② 接触轨的受流面距走行轨轨顶的垂直距离为200 mm，施工允许偏差为±5 mm。

（11）膨胀接头：安装在两个锚段的衔接部件，是用于补偿接触轨因为热胀冷缩产生长度变化的部件。其间隙的调整是根据安装时的温度查曲线表来确定的。

（12）电连接中间接头作用：连接供电电缆向接触轨实现电气连通的部件。

（13）防爬器的作用：防止接触轨因温度变化或坡度原因而产生纵向爬行的一种固定连接装置。分普通防爬器和锚结用防爬器。

（14）接地线的作用是所有不带电金属部分均与接地线连接，再用电缆与牵引变电所内接地网相连，构成接触轨供电系统的接地保护回路。

（15）防护罩的作用是避免人员无意触碰到带电的设备、防止杂物及冰雪落在接触轨上。防护罩有支架间防护罩、绝缘支架防护罩、电连接接头防护罩、中心锚结防护罩、端部弯头防护罩、膨胀接头防护罩。

思 考 题

（1）什么是接触轨？

（2）接触轨系统供电原理有哪些？

（3）机车在运行过程中是如何取得接触轨上电流的？

（4）对接触轨的跨距和锚段长度如何规定？

（5）接触轨式接触网的组成有哪些？

（6）接触轨的安装形式有哪三种？

（7）端部弯头、中间接头、防爬器的组成及作用有哪些？

（8）纵向测量、横向测量的步骤分别有哪些？

（9）安装绝缘底座的步骤有哪些？

（10）安装端部弯头有哪些技术要求？

（11）安装接触轨包括哪些内容？安装技术要求有哪些？

（12）安装接触轨普通接头的步骤有哪些？

（13）安装电连接包括哪些内容？

（14）安装电连接用中间接头的技术要求有哪些？

（15）安装接触轨的技术要求有哪些？

（16）防护罩的种类及作用有哪些？

（17）接地线有什么作用？

第5章 跨座式单轨接触网

☞ 学习目标

(1) 理解跨座式单轨接触网系统的组成和特点。

(2) 掌握接触网的布置原则及主要设备结构。

(3) 理解跨座式单轨接触网施工的特点,会识读平面图。

(4) 理解轨道梁测量的方法;掌握安装支撑绝缘子的操作步骤。

(5) 掌握安装汇流排的操作步骤和技术要求、膨胀关节伸缩间隙曲线表。

(6) 掌握安装锚段关节处汇流排的方法及技术要求。

(7) 理解焊接汇流排的探伤工艺和检验弯曲度的方法。

(8) 掌握架设接触线的操作步骤及技术要求。

(9) 掌握道岔区出现硬点、鼓包时的处理方法和安装道岔设备的技术要求。

(10) 掌握悬挂调整的内容和注意事项。

(11) 理解防护板的作用,掌握安装方法。

(12) 理解安装避雷器和制作接地电缆的方法。

(13) 掌握安装隔离开关的操作过程。

5.1 跨座式单轨接触网的组成与特点

跨座式单轨接触网,采用在轨道梁两侧布置刚性 T 形汇流排的接触悬挂方式,一侧为正极,另一侧为负极,轨道梁示意图如图 5-1-1 所示。接触悬挂位于轨道梁中部的凹面上。顺线路方向呈之字形布置,以使受电弓均匀磨耗。每个锚段设置中心锚结和锚段关节,以便补偿汇流排由于温度变化引起的伸缩变化,使汇流排在每个支持点处可纵向位移。接触网电压等级为直流 1 500 V。其主要组成部分有汇流排支撑绝缘子、T 形铝合金汇流排和接触线等。

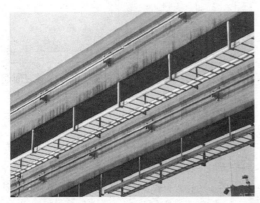

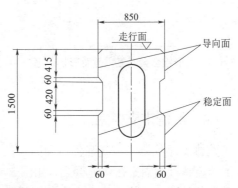

图 5-1-1 轨道梁示意图

跨座式单轨接触网系统设有馈线电缆、回流电缆构成供电回路，还设有隔离开关、避雷器设备。

跨座式单轨接触网可满足 80 km/h 行车速度的要求，保证集电器良好的取流。接触网结构简单，安装方便，便于运营和维修，设备具有耐腐蚀、寿命长、维修量小的特点。

5.1.1　T形铝合金汇流排

T 形铝合金汇流排在支撑和固定接触导线的同时，导通大部分牵引电流。T 形铝合金汇流排截面形状（如图 5-1-2 所示）为 T 形，其标称截面为 1 439 mm²。

（1）普通型汇流排：每根长度为 12 m。

（2）特殊型汇流排分以下 3 种情况。

① 锚段关节处汇流排：分为左切型、右切型两种，长度均为 7.5 m。

② 道岔处汇流排：长度根据现场实测数据而确定。

③ 弯道处汇流排：曲线半径小于 300 m 以下均采用预弯处理。

5.1.2　接触线固定夹板

接触线固定夹板是安装在 T 形汇流排顶端，用来固定接触导线的。接触线固定夹板采用铝合金材质，标称截面为 257 mm²，制造长度分为 1 000 mm、500 mm、50 mm 三种，其截面图如图 5-1-3 所示。

5.1.3　梯形截面铜接触线

梯形截面铜接触线的截面积为 110 mm²，表面采用低温电镀的方法进行镀锡，锡层厚度不小于 5 μm，其截面形状如图 5-1-4 所示。

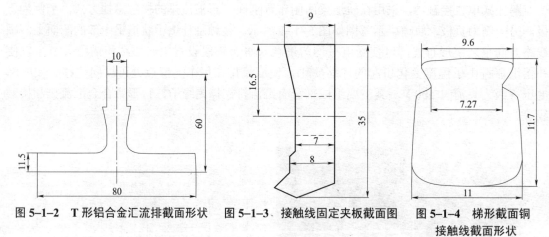

图 5-1-2　T 形铝合金汇流排截面形状　　图 5-1-3　接触线固定夹板截面图　　图 5-1-4　梯形截面铜接触线截面形状

5.1.4　汇流排支撑绝缘子

汇流排支撑绝缘子由高强瓷体和两端的金具组成，上端金具通过汇流排压板与汇流排连接，下端金具直接固定在轨道梁上，如图 5-1-5 所示。绝缘子瓷体表面应光滑均匀，无损伤、裂纹及其他缺陷。绝缘子机械和电气性能见表 5-1-1。

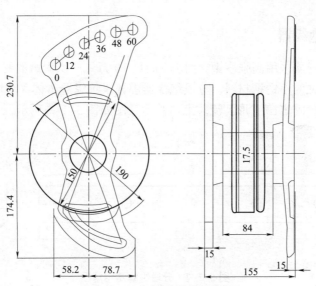

图 5-1-5　汇流排支撑绝缘子

表 5-1-1　绝缘子机械和电气性能表

序号	类型	项　目	数　据
1	机械性能	最小拉伸破坏荷重	≥9.8 kN
2		最小弯曲破坏荷重	≥5.4 kN
3		最小扭曲破坏荷重	≥588 N·m
4	电气性能	最小爬电距离	250 mm
5		干闪受电压	50 kV
6		湿闪受电压	25 kV
7		冲击耐压	75 kV

5.1.5　中心锚结

中心锚结实物图如图 5-1-6 所示。

图 5-1-6　中心锚结实物图

5.1.6　分段绝缘器

分段绝缘器的材质采用高强度聚合材料，满足 10 万弓架次耐磨的要求。连接垫板及紧固件等均应采用耐腐蚀的不锈钢材料。分段绝缘器由分段绝缘器本体、垫块及连接垫板组成，通过两侧各三根螺栓固定在 T 形汇流排上，其示意图如图 5-1-7 所示。

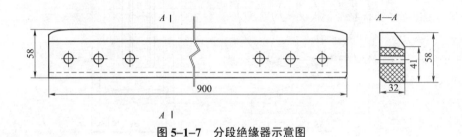

图 5-1-7　分段绝缘器示意图

5.1.7　道岔接触悬挂

道岔接触悬挂是保证单轨列车在通过道岔时受电弓能正常取得电流。道岔由关节式悬挂的多节钢箱梁组成，因此接触悬挂也由多段组成。每节道岔钢梁的长度为 5.5 m。道岔接触悬挂衔接处采用软铜电连接线连接，两支接触悬挂的间距为 55 mm。道岔钢箱梁示意图如图 5-1-8 所示。为保证道岔正、反位与机车集电器平滑过渡，应根据道岔每节的转辙角度来计算汇流排预配的尺寸。

5.1.8　车体接地板

当列车在车站停靠时，车体通过车体接地板接地，形成保护回路。接地板材质采用不锈钢，以钢支架固定。接地板通过电缆与车站综合接地网相连，使车体可靠接地。以保证站务人员和旅客的生命安全。车体接地极如图 5-1-9 所示。

图 5-1-8　道岔钢箱梁示意图

图 5-1-9　车体接地板

5.1.9　隔离开关

1）隔离开关规格型号

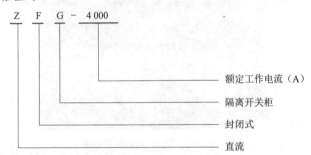

```
Z  F  G - 4 000
```
额定工作电流（A）

隔离开关柜

封闭式

直流

2）隔离开关柜主要技术参数（见表 5-1-2）

表 5-1-2　隔离开关柜主要技术参数

序号	名　　称	参　　数	单位
1	额定工作电压	DC1 500	V
2	最高工作电压	DC1 800	V
3	额定绝缘电压	3 000	V
4	工频耐受电压	湿闪 35；干闪 60	kV
5	雷电冲击耐受电压（峰值）	75	kV
6	爬距	≥250	mm

隔离开关柜分为户外和户内两种类型，隔离开关柜可安装单极隔离开关和双极隔离开关。

5.2　跨座式单轨接触网的布置原则与施工特点

5.2.1　布置原则

（1）由于跨座式单轨接触网的特殊性，接触网安装范围必须严格控制在车辆、建筑及轨道梁限界范围内，并满足绝缘距离要求。

（2）接触网支撑点间距在 2.0～3.0 m 范围内。支撑点安装效果图如图 5-2-1 所示。

图 5-2-1　支撑点安装效果图

（3）拉出值主要由集电器滑板工作宽度来决定，一般在 ±60 mm 范围内。集电器滑板实物图如图 5-2-2 所示。

图 5-2-2　集电器滑板实物图

（4）为实现对接触悬挂的温度补偿，接触网锚段长度为 70～150m，并在其中间部位设置中心锚结。

（5）供电分段的设置应满足供电检修、维护方便的要求。

（6）电连接的设置原则如下。

① 在锚段关节处设置电连接。

② 道岔处根据不同形式道岔电气连接要求，设置电连接。

③ 电连接线采用软铜绞线或铜芯软电缆。

（7）隔离开关的设置原则如下。

① 在牵引变电所馈出线与接触网连接处设置电动隔离开关。

② 隧道内设置电动隔离开关要靠近电分段处的车站端的设备用房内。

③ 高架区段安装隔离开关要靠近电分段处。

（8）接触网应满足一个牵引变电所解列，由相邻牵引变电所越区供电的要求。

（9）避雷器的设置原则：

① 在牵引变电所馈出线隔离开关附近设置避雷器，以防止雷电波侵入变电所；

② 隧道口设置避雷器，以防止雷电波侵入隧道；

③ 高架区段加强防雷保护，避雷器的安装应考虑城市景观。

（10）为了旅客及工作人员、设备的安全，接触网设备及车体都要接地；隔离开关柜体外壳与变电所接地母排相连。

5.2.2　施工特点

因为跨座式单轨接触网是安装在轨道梁的两侧，而且轨道梁多数是架设在桥墩上的，所以，接触网施工具有以下特点。

（1）接触网施工基本上是在特制的作业车上进行。操作空间相对窄小，不宜大规模施工。

（2）接触网施工为高空作业，对操作人员的安全不确定因素较多。

（3）对施工材料的运输、使用工具的安装有较多的不方便，从而影响施工进度。

（4）接触网施工是在市区，为了不影响居民的生活和工作，只能白天以较小的噪声进行施工作业。

（5）因为施工作业是在市区，要保持好环境就要对施工产生的垃圾进行及时的清理。

针对施工特点，施工单位就要做到以下几点。

① 多制作施工作业车，为了有一定的施工进度同时开展多个作业面。

② 所有的管理及施工人员要学习安全规定，确保施工人员能够安全生产。

③ 管理人员要有效地组织生产，培养熟练的施工人员，在有限时间内完成较多的任务。

④ 对施工人员进行岗前培训，养成及时清理垃圾、保护环境的习惯。

5.2.3　施工安全措施

1. 行车时的安全措施

（1）施工作业是多专业同时在一个作业面上进行，轨道车行驶速度不得超过 10 km/h，在各车站区域不超过 5 km/h。

（2）轨道车在行驶过程中要有专人指挥。指挥人员须经过行车安全知识培训，考核合格后方可上岗。

（3）作业台升降时，严禁移动作业车。

2. 作业时的安全措施

（1）车上摆放物品整齐、稳固，不可超高、超限界，防止作业车通过车站、隧道及与其他专业作业车交汇时设备、材料等物品发生坠落，伤及地面上的行人。

（2）作业车展放侧面作业台时，作业面上不得有人及杂物。

（3）因作业面内空间狭小，施工作业人员作业时需谨慎小心，尽量避免移动工具、材料碰伤他人。

（4）轨道梁上作业时，指挥信号必须明确，作业人员与作业车司机配合要默契。

（5）作业时，材料及工具不得侵入邻线的车辆限界。

（6）有人上下作业车时严禁升降作业平台。

（7）各项安装工作完毕后，要及时清理包装物、下脚料等杂物。

5.3　识　读　图　纸

1. 图例

跨座式单轨接触网图例见表 5-3-1。

表 5-3-1 跨座式单轨接触网图例

图 例	名 称	图 例	名 称
————	接触线/汇流排	————	车体接地板
┤├	分段绝缘器	— · — · —	防护板
◯	绝缘子	✕✕✕✕✕✕✕	馈线上网
◇	中心锚结	→ ←▭⊣‖	避雷器
〔〕	关节电连接	⊣‖	车体接地

2. 平面图的内容

（1）图纸的名称、说明。

（2）设备的名称及数量。

（3）表格：

① 桥墩及桥梁的编号；

② 正负极接触线的位置；

③ 轨道梁绝缘子编号及间距；

④ 接触线的拉出值；

⑤ 绝缘子偏移位置；

⑥ 安装图号；

⑦ 锚段长度。

3. 安装图

安装汇流排示意图如图 5-3-1 所示。安装汇流排需用材料见表 5-3-2。

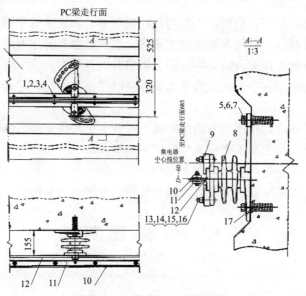

图 5-3-1 安装汇流排示意图

表 5–3–2 安装汇流排需用材料表

序号	名　　称	单位	数量	序号	名　　称	单位	数量
1	螺杆	件	1	9	汇流排压板	套	1
2	平垫片	件	1	10	接触线	m	若干
3	弹簧垫片	件	1	11	固定夹板	m	若干
4	螺母	件	1	12	防护罩	m	若干
5	固定螺栓	根	1	13	螺杆	件	2
6	弹簧垫片	件	1	14.15	平、弹簧垫片	件	各2
7	平垫片	件	1	16	螺母	件	2
8	支撑绝缘子	套	1	17	螺栓绝缘护套	件	2

5.4　前期工程检查

　　由于接触网是安装在轨道梁中部的凹陷处，因此在进行接触网一切检查及设备的安装作业时都要使用单轨作业车来进行。P 轨道梁上作业车如图 5–4–1 所示。

图 5–4–1　P 轨道梁上作业车

1. 劳动组织

1）人员组织（见表 5–4–1）

表 5–4–1　人员组织

序号	人　　员	人数	备　　注
1	技术人员	1	负责技术指导、质量
2	工长	2	现场组织及协调施工
3	技术工人	2	
4	安全员	1	负责安全防护、安全检查、安全提醒

2）主要工、机具（见表 5-4-2）

表 5-4-2　主要工、机具

序号	机具名称	规格	单位	数量	备　注
1	工程作业车		台	1	带牵引动力
2	铝合金升降梯	8 m	部	1	
3	钢卷尺	5 m	把	2	
4	钢直尺		把		
5	测量专用仪		套	1	
6	水平尺	1 m	把	1	
7	红油漆	0.5 kg	桶	1	
8	排笔		支	1	
9	记号笔		支	1	
10	防护信号灯		合	1	

2. 检查内容

利用专用测量仪检测轨道梁（如图 5-4-2 所示）看其制作误差是否在允许范围内，并做好记录，对于超出允许范围的上报驻地监理。检测内容如下。

（1）检查预埋管位置是否符合技术要求。PC 梁预埋管示意图如图 5-4-3 所示。

① 上、下两个预埋管的间距为 320 ± 1.5 mm。

② 上预埋管距轨道走行面的距离为 525 ± 5 mm。

③ 预埋管与轨道梁侧面的垂直度误差应 $\leqslant\pm3°$。

（2）检测车体接地板的预埋管距接触网凹面角处的距离是否在设计范围之内。

（3）测量两相邻绝缘子的预埋管间距（即跨距），并与设计图纸核对，做好测量记录。

图 5-4-2　利用专用测量仪检测轨道梁

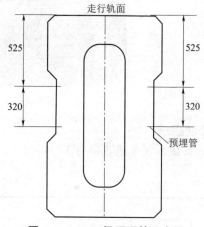

图 5-4-3　PC 梁预埋管示意图

3. 注意事项

① 在隧道内测量时应设置良好的照明设施，设置好安全防护。

② 在使用铝合金梯时应注意防滑。

③ 每一处测量完毕注意检查是否有测量工具放置在轨道梁上。

④ 安装工作完毕后，要及时清理包装物、下脚料等杂物。

5.5　安装支持绝缘子

5.5.1　劳动组织

1）人员组织（见表 5-5-1）

表 5-5-1　人员组织

序号	人员	单位	数量	备　　注
1	技术人员	人	1	负责技术指导、质量
2	工长	人	1	
3	技术工人	人	5	
4	安全员	人	1	负责安全瞭望、安全检查

2）主要工、机具（见表 5-5-2）

表 5-5-2　主要工、机具

序号	名称	规格	单位	数量	备　　注
1	可调扭矩扳手	50～100 N·m	把	4	
2	可调扭矩扳手	10～50 N·m	把	4	
3	悬挂调整检测尺	跨座式专用	套	2	
4	橡胶垫			若干	
5	工程作业车	大型	台	1	带牵引动力
6	高度检测尺	200 mm			
7	兆欧表	2 500 V			

5.5.2　操作步骤

1. 检查绝缘子

（1）要对其外观检查，如瓷体损伤、裂纹以及金具部分的损伤、镀锌等。

（2）检查绝缘子高度主要是检查绝缘子高度公差值，以便于后续的预配绝缘子工作。

（3）绝缘子出库前，应按规范进行绝缘电阻测试和耐压试验。

2. 安装绝缘子

（1）安装绝缘子前，技术人员根据对轨道测量记录，制作安装绝缘子表。

（2）根据平面图中绝缘子偏移的位置数据（即金具上的孔位）和绝缘子安装表，安装绝缘子和橡胶绝缘垫。绝缘子安装图如图 5-5-1 所示。采用 M16 梯形螺纹的螺栓固定，标准紧固力矩为 66 N·m，并且需注意绝缘子的上下位置。

图 5-5-1   绝缘子安装图

（3）在轨道梁上安装绝缘子时，应在轨道梁与绝缘子之间加装绝缘橡胶垫及绝缘子固定螺栓绝缘护套。

（4）根据设计要求选择固定压板：有防护板时，锚段关节处：汇流排固定压板采用 B26型；其他定位处汇流排固定压板采用 A26 型；无防护板时：锚段关节处：汇流排固定压板采用 B22 型；其他定位处：汇流排固定压板采用 A22 型。压板零件图如图 5-5-2 所示。

（5）安装汇流排下部固定压板，此时未装汇流排，无须过于拧紧。螺栓位置与绝缘子固定螺栓应在同一条直线上。螺栓位置安装图如图 5-5-3 所示。

图 5-5-2   压板零件图

图 5-5-3   螺栓位置安装图

（6）汇流排通过固定板用 M12 的不锈钢螺栓安装在绝缘子的金具端部，安装时应使汇流排固定板与绝缘子金具之间的齿要密合。螺栓的标准紧固力矩为 44 N·m。

（7）用专用检测仪检测绝缘子的高度。保证绝缘子安装后的最大高度满足限界要求；同时检查其在顺线路方向上与相邻的绝缘子的坡度（即两相邻绝缘子高度差）是否满足设计要求，如不满足，应在绝缘子与轨道梁之间加橡胶垫来调整。

5.5.3 注意事项

① 支持绝缘子在安装、运输中要轻拿轻放，防止绝缘子损伤。

② 使用作业车在高架区段作业时，应按规定设置好防护。并将作业平台侧防护栏轻靠在轨道梁稳定面上。防止作业时，料具落下砸伤行人。

③ 检测、安装绝缘子时，拆卸的包装箱、包装纸等包装品必须统一回收处理。

5.6　安装汇流排

5.6.1　劳动组织

1）人员组织（见表 5-6-1）

表 5-6-1　人员组织

序号	人　员	人数	备　注
1	技术人员	1	负责技术指导、质量
2	工长	1	现场组织及协调施工
3	技术工人	10	
4	安全员	2	负责安全防护、安全检查、安全提醒

2）主要工、机具（见表 5-6-2）

表 5-6-2　主要工、机具

序号	名称	规格	单位	数量	备　注
1	作业车		台	2	带牵引动力
2	货车	车厢长 12 m	部	1	汇流排运输
3	对讲机		台	4	
4	闭口滑轮		套	4	
5	尼龙吊带	3 m	根	4	
6	拉绳	30 m	根	8	
7	呆扳手	18 型	把	8	
8	可调扭矩扳手	10～50 N·m	把	8	
9	导线撇弯器		套	1	
10	汇流排钻孔模具		套	1	
11	台钻		台	1	
12	切割机		台	1	
13	砂轮机		台	1	
14	氩弧电焊机	三相脉冲	台	1	
15	汇流排预弯器		台	1	

5.6.2　预配汇流排

安装汇流排前，应根据安装时温度和测量的绝缘子间距，用自主研发的预配汇流排软件选择汇流排，并按安装顺序对其编号。

预配汇流排时应遵循以下原则。

① 应保证汇流排的焊接接头距绝缘子距离大于 250 mm。

② 应保证分段绝缘器的位置在相邻两绝缘子中心位置，误差为 ±100 mm。

③ 应保证在平均温度时锚段关节的中间位置，使汇流排端头部与最外侧绝缘子的间距为

1 000～1 250 mm。

④ 汇流排长度核算时应考虑接头处的焊接缝隙。

⑤ 汇流排长度核算时应考虑当时的温度因素。

⑥ 汇流排长度核算时必须精确至毫米。

对于特殊用途的汇流排，如锚段关节、道岔和分段绝缘器等处的汇流排，做加工处理。为了使汇流排的线形尽量与轨道梁保持一致，对于曲线半径<300 m区段的汇流排预弯处理。

5.6.3　安装锚段关节处的汇流排

（1）根据图纸的要求选择锚段关节的安装位置。

（2）确定角型汇流排的类型，并安装汇流排。角型汇流排安装如图5-6-1所示。

图5-6-1　角型汇流排安装

（3）两个电连接安装在两个支撑绝缘子之间。锚段关节安装图如图5-6-2所示。

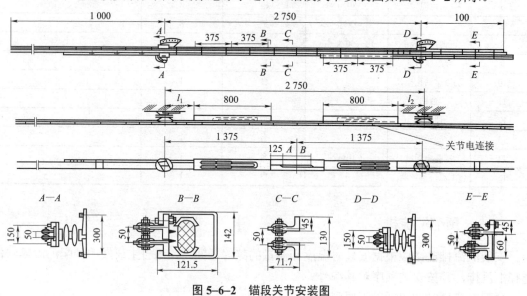

图5-6-2　锚段关节安装图

（4）调整两支接触悬挂之间的间隙。

（5）根据各锚段的长度和安装时的温度在锚段关节伸缩间隙安装曲线（如图5-6-3、图5-6-4所示）上查找支撑点到电连接防护罩边缘的间距和A、B的长度。

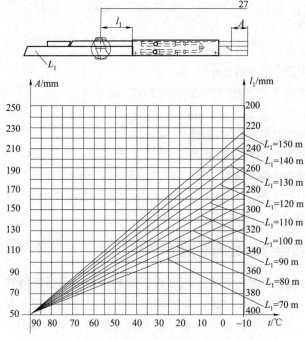

图 5-6-3　锚段关节伸缩间隙安装曲线

L_1—膨胀关节的锚段长度（m）；l_1—绝缘子中心与电连接护罩边缘的间距（mm）；A—伸缩间隙（mm）；t—安排汇流排温度（℃）

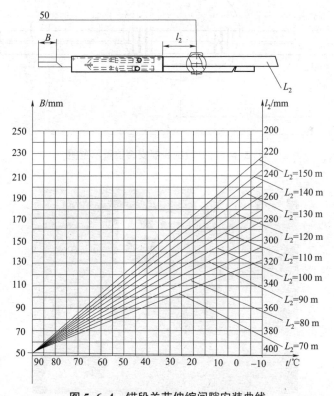

图 5-6-4　锚段关节伸缩间隙安装曲线

L_2—膨胀关节的锚段长度（m）；l_2—绝缘子中心与电连接护罩边缘的间距（mm）；B—伸缩间隙（mm）；t—安排汇流排温度（℃）

5.6.4 技术要求

① 锚段关节的长度为 4 750 mm。
② 两支撑点的间距为 2 750 mm。
③ 角型汇流排的端头距支撑点的长度为 1 000 mm。
④ 角型汇流排的总长度为 2 600 mm。
⑤ 关节中两支接触悬挂之间的距离为 50 mm。
⑥ 正确查找锚段关节间隙安装曲线。
⑦ 螺栓紧固要符合力矩标准。
⑧ 电连接端子与汇流排之间的连接采用焊接方式，该焊接应在安装汇流排之前进行。
⑨ 电连接与接线端子压接前应涂电力膏。

5.6.5 安装分段绝缘器处的汇流排

锚段内有分段绝缘器，则在安装汇流排时，应同时安装分段绝缘器并调整分段绝缘器中心位于两支撑绝缘子间距的中心位置，按照图纸中的要求进行安装调整。误差为 ±100 mm。分段绝缘器安装位置示意图如图 5-6-5 所示。分段绝缘器接触线高度测量如图 5-6-6 所示。

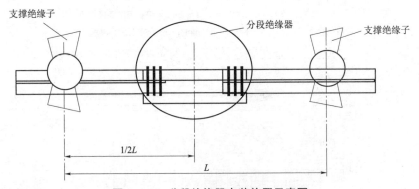

图 5-6-5　分段绝缘器安装位置示意图

图 5-6-6　分段绝缘器接触线高度测量

5.6.6 注意事项

① 安装调整汇流排时，禁止用铁器代替橡皮锤敲打汇流排，以免损坏汇流排。

② 在转运汇流排时，人工搬运汇流排时应使其受力均匀不被变形，作业时的行车速度不能超过 5 km/h。

③ 作业车行进中严禁起吊汇流排。

④ 各项安装工作完毕后，要及时清理包装物、下脚料等杂物。

5.7 汇流排的焊接与探伤

5.7.1 劳动组织

1）人员组织（见表 5-7-1）

表 5-7-1 人员组织

序号	人 员	人数	备 注
1	技术人员	1	负责技术指导、质量
2	工长	1	现场组织及协调施工
3	技术工人	4	焊接汇流排
4	安全员	1	负责安全防护、安全检查、安全提醒
5	检验员	1	检验、记录焊接质量

2）主要工、机具（见表 5-7-2）

表 5-7-2 主要工、机具

序号	机具名称	规格	单位	数量	备 注
1	作业车		台	1	带牵引动力
2	氩弧焊机	LAW520	台	2	瑞典 ESAB
3	氩弧焊机	WSME-500	台	1	上海威特力
4	焊丝	4043	kg	若干	美国
5	工装		套	4	
6	角磨机	S1M-WD-100A	把	2	
7	直磨机	1	把	2	
8	活动扳手	300 型	把	2	
9	尖嘴钳		把	2	
10	平嘴钳		把	2	
11	平锉		把	2	
12	圆锉		把	2	
13	焊缝检测尺	60 型	把	1	

序号	机具名称	规格	单位	数量	备 注
14	平尺		把	1	
15	电吹风		台	2	
16	探伤剂		套	1	
17	直流电阻测试仪		台	1	
18	超声波无损探测仪	A型脉冲反射式	台	1	

5.7.2 操作步骤

1. 焊接准备

在施工现场,对汇流排的坡口及坡口两侧表面至少30~50 mm范围内的油污、水分、灰尘、氧化膜进行清理。

2. 固定工装

(1)调整两汇流排端部对接空间间隙为2~4 mm。

(2)固定专用工装,保证汇流排对接部位对接整齐,焊接时不发生位移。夹紧固定如图5-7-1(a)所示。

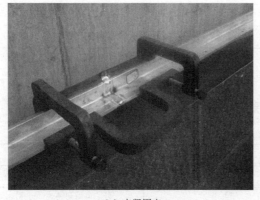 

(a)夹紧固定　　　　　　　　　　　　　(b)焊接

图5-7-1　利用焊接夹紧装置固定并焊接汇流排

(3)焊接:利用氩弧焊机进行焊接。焊接前,应检查确认焊机的工作模式和状态。焊接如图5-7-1(b)所示。

3. 冷却

焊接完毕后,用电吹风对焊接头吹风冷却,或组织流水作业,继续焊接下一个接头,让该焊接头自然冷却。

4. 拆除工装

当焊接头温度降到100℃以下时,拆除工装。

5. 打磨、处理焊接头

将焊接头安装线的接触面和夹板固定面用砂轮机、刮刀、锉刀等加工平整。

6. 检查弯曲度

（1）检查直线段弯曲度（如图 5-7-2 所示）：将长 1 m 的平尺中心对准焊缝中心，用塞尺检查平尺中心处间隙应不大于 0.5 mm。

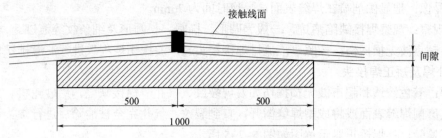

图 5-7-2　检查直线段弯曲度

（2）检查曲线段弯曲度。

① 检查外曲线段弯曲度（如图 5-7-3 所示）：将长 1 m 的平尺中心对准焊缝中心，用塞尺检查平尺中心处间隙，在线路的曲线不同半径区段，间隙值是不一样的，但间隙值都应满足设计要求。

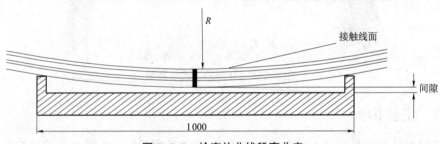

图 5-7-3　检查外曲线段弯曲度

② 检查内曲线段弯曲度（如图 5-7-4 所示）：将长 1 m 的平尺中心对准焊缝中心，用塞尺检查平尺中心处间隙，在线路的曲线不同半径区段与前面一样，间隙值都应满足设计要求。

7. 无损探伤

（1）着色探伤：在焊接头处着色渗透，检查焊缝的表面是否有气孔、裂纹，如果产生气孔、裂纹等缺陷，用砂轮机等工具磨削焊缝表面后进行焊接修补。方法如下。

① 预处理：在焊缝表面及两侧至少 25 mm 区域，用砂轮打磨的方法清除焊渣及氧化皮。

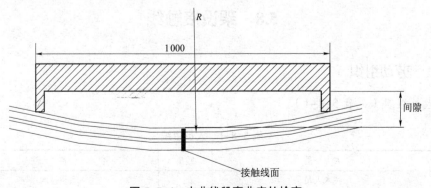

图 5-7-4　内曲线段弯曲度的检查

② 渗透处理：把渗透剂（溶剂去除型）喷在焊缝表面，温度为 10～15℃，时间不得小于 5 min。

③ 去除处理：先在受检表面喷涂溶剂，后用布或纸沿一个方向擦洗。

④ 干燥处理：用电吹风吹干，表面温度不超过 50℃。

⑤ 显像：把显像剂喷在焊缝表面，显像时间为 7 min。

⑥ 观察：观察焊接缺陷痕迹，一般为圆形、椭圆、长圆形及细条纹等痕迹。

（2）超声波无损探伤：按照"汇流排焊接接头超声波探伤规程"进行汇流排探伤。

8. 补焊及矫正焊接头

补焊：着色渗透和超声波无损探伤如发现裂纹、气孔等焊接缺陷，用砂轮机、锉刀、凿子等工具磨削焊缝表面或将成型焊缝凿开，直到裂纹、气孔完全被清除后进行焊接修补，然后再进行检验。补焊矫正器示意图如图 5-7-5 所示。

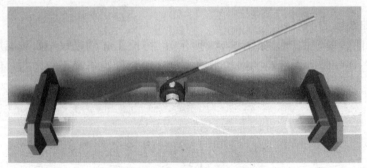

图 5-7-5 补焊矫正器示意图

5.7.3 注意事项

① 焊接气体和强弧光对人体有很大的危害，因此必须对焊接人员加强安全教育。焊接时，必须穿防紫外线工作服、绝缘鞋，必须戴长皮手套及头盔式电焊面罩。

② 从事汇流排焊接的人员必须遵守安全、环保、防火等规程和有关规定。不要在戴湿手套及着湿工作服的情况下触摸带电部分及焊丝，在焊接场所附近不能有易燃易爆物品。

③ 焊接场所应采取可靠的防雨措施，以保护焊机及防止触电；同时应注意防风，以免影响焊接质量。

④ 焊接工作完毕后，要及时清理包装物、下脚料等杂物。

5.8 架设接触线

5.8.1 劳动组织

1）人员组织（见表 5-8-1）

表 5-8-1 人员组织

序号	人员	数量	备注
1	技术人员	2	负责技术指导
2	工长	1	现场组织施工

续表

序号	人　员	数量	备　注
3	技术工人	10	现场安装作业
4	安全员	2	负责安全防护、安全检查、安全提醒

2）主要工、机具（见表 5-8-2）

表 5-8-2　主要工、机具

序号	名称	规格	单位	数量	备　注
1	作业车		台	2	带牵引动力
2	对讲机		台	4	
3	呆扳手	13 型	把	4	
4	呆扳手	18 型	把	2	
5	可调扭矩扳手	10～50 N·m	把	4	
6	橡皮锤		把	2	
7	扭面器		把	2	
8	导线搣弯器		套	2	
9	钢锯		把	1	
10	平锉		把	1	

3）架线车编组

按放线方向，调度组织车辆顺序如下。

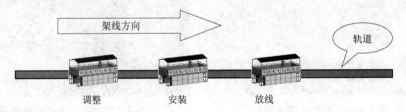

4）线盘检查

（1）接触线配盘选用时应考虑到施工的连续性，尽量减少线盘的吊装次数。

（2）因为锚段内接触线不允许有接头，故吊装接触线前应检查核对线盘上接触线的长度，保证锚段内接触线的完整性。

（3）接触线应整齐密贴缠绕；不得有任何的损伤、扭曲和硬弯。

5）吊装线盘

（1）线盘吊装时必须注意出线方向。

（2）放置线盘时严禁造成作业车偏载。

5.8.2　操作步骤

1. 起锚

（1）用中心锚结线夹在第一个定位点临时固定汇流排，防止汇流排在放线过程中滑动。

图 5-8-1 所示为利用接触线校直器进行接触线架设。

图 5-8-1　利用接触线校直器进行接触线架设

（2）将接触线从校直器中穿出，用接触线搣弯器（如图 5-8-2 所示）制作接触线弯头，并固定在汇流排上，固定距离以作业面而定。每盘第一米线段不能用于安装。图 5-8-3 所示为利用接触线搣弯器起锚安装。

图 5-8-2　接触线搣弯器

图 5-8-3　利用接触线搣弯器起锚安装

（3）在接触线弯头与相邻绝缘子底部位置拉上临时拉线，防止接触线在放线过程中滑动。

2. 架线

（1）线盘带上 500～1 000 N 张力，缓缓移动架线车，以 2 km/h 的速度匀速架线。图 5-8-4 所示为作业车放线示意图。

（2）前车匀速放线，后车紧随其后卡线。此时，各车之间的间距不应超过 10 m，未卡线段长度不得超过 8 m。

（3）固定接触线夹板的螺栓紧固标准力矩为 13 N·m。

（4）接触线与汇流排之间不允许有缝隙，必须紧密相贴。

3. 落锚

（1）展放完毕一个锚段的接触线后，在比汇流排长 1.5 m 的位置接触线断线，然后展放下一锚段的接触线，断线时应将线头临时固定以免滑脱弹伤作业人员。

（2）若遇到分段绝缘器，要先落锚，再重新起锚。

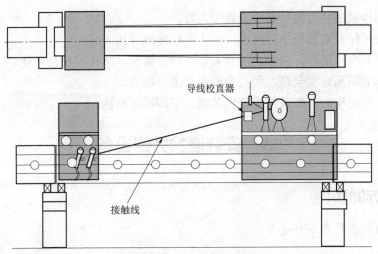

图 5-8-4　作业车放线示意图

4. 安装接触线夹板

架线完毕后用接触线夹板将接触线固定在汇流排上。图 5-8-5 所示为安装接触线夹板示意图。为防止接触线夹板氧化影响导电性能，用砂布局部擦拭接触线及夹板去除氧化膜并涂抹导电油脂。

图 5-8-5　安装接触线夹板示意图

5.8.3　技术要求

① 接触线通过接触线夹板用 M8 不锈钢螺栓固定在汇流排上，安装时夹板的齿与接触线的槽齿要密合。螺栓的紧固力矩为 13 N·m。

② 调整汇流排的上、下位置，使接触线的位置符合拉出值的要求。

③ 锚段内接触线不允许有接头。

④ 接触线距轨道梁走行面的距离为（685±60）mm。

5.8.4　注意事项

① 严禁使用金属器具代替橡皮锤使用。

② 在架线过程中，作业车严禁急起急停。

③ 线盘和接触线整直器处必须设置专人看护。

④ 在断线时作业人员抓牢接触线，防止接触线弹开伤人。

⑤ 卡线作业车移动时，应密切注意未卡线段的情况，防止损伤接触线。

⑥ 高空作业需系好安全带，用安全绳系牢工、机具。

⑦ 放线工作完毕后，要及时清理包装物、下脚料等杂物。

5.9　安装道岔区的设备

5.9.1　劳动组织

1）人员组织（见表 5-9-1）

表 5-9-1　人员组织

序号	人　员	人数	备　注
1	技术人员	1	负责技术指导、质量
2	工长	1	现场组织及协调施工
3	技术工人	6	现场安装作业
4	安全员	1	负责安全防护、安全检查、安全提醒

2）主要工、机具（见表 5-9-2）

表 5-9-2　主要工、机具

序号	机具名称	规格	单位	数量	备　注
1	作业车		台	1	带牵引动力
2	钢卷尺	5 m	把	2	
3	测量专用仪		套	2	
4	水平尺	1 m	把	1	
5	呆扳手	13 型	把	4	
6	呆扳手	18 型	把	2	
7	呆扳手	30 型	把	2	
8	可调扭矩扳手	10～50 N·m	把	4	
9	可调扭矩扳手	50～100 N·m	把	4	
10	液压整直器		台	1	
11	红油漆		桶	1	
12	油漆刷		把	1	

5.9.2　难点分析

道岔处接触悬挂的安装极为复杂，若是道岔梁、汇流排加工精度不够或调整不到位，在道岔梁转辙角附近容易产生硬点或鼓包。道岔示意图和局部放大图分别如图5-9-1和图5-9-2所示，列车集电器滑板在通过时不能平滑过渡，容易产生跳跃式接触，从而损坏集电器滑板，影响行车安全。箱式梁单开道岔如图5-9-3所示。

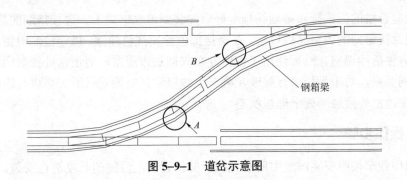

图 5-9-1　道岔示意图

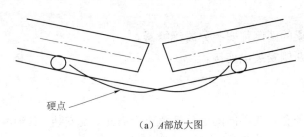

（a）A部放大图

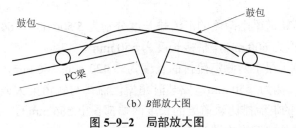

（b）B部放大图

图 5-9-2　局部放大图

图 5-9-3　箱式梁单开道岔

5.9.3　相应对策

① 道岔汇流排到货后，检查汇流排直线段的平直度、弯曲起始点的位置、弯曲度等参数是否达到要求。

② 将检验合格的汇流排和接触线预制好后安装到道岔钢梁上，进行精细的悬挂调整。

③ 对道岔接触网的调整完成以后，在衔接部位涂刷红色油漆，以便检测时留下弓网接触后的磨痕，方便后续调整。然后使用工程作业车来回通过道岔，对道岔处接触网进行冷滑试验，观察弓网关系，对不足处进行整改。列车上线以后，定期对弓网关系进行跟踪、微调和完善，始终使道岔处接触网处于理想状态。

5.9.4　操作步骤

① 利用作业车按照安装图纸中所示绝缘子的位置和汇流排的长度进行安装。

② 道岔梁上用 M12 的螺栓紧固，标准紧固力矩为 44 N·m，绝缘子金具与固定板之间加橡胶绝缘垫调整。

③ 在开口处轨道梁的两侧都安装分段绝缘器。

④ 在轨道梁之间两侧安装电连接。

5.9.5　技术要求

① 根据要求绝缘子金具在不同的道岔轨道梁上有正、反安装，其绝缘子的位置要与图纸相符。

② 闭口端的三节轨道梁上两侧的汇流排长度分别为 5 500 mm+366 mm×2，角型汇流排在两端头闭口端的长度为 600 mm，搭接长度为 550 mm。

③ 开口端一节轨道梁上两侧汇流排的长度为 5 420 mm+366 mm，角型汇流排的长度闭口侧为 600 mm，开口侧为 450 mm，安装时角型汇流排与轨道梁大截面对齐，搭接长度为 400 mm（每节道岔上的汇流排比轨道梁的长度两端都长出 366 mm）。

④ 安装接触线时外露汇流排端头不超过 5 mm。

⑤ 接触线的拉出值要与图纸相符。

⑥ 两支平行接触线衔接段的中心间距为 55 mm。

⑦ 电连接端子与汇流排之间的连接采用焊接方式，该焊接应在汇流排安装之前进行。

⑧ 压接电连接与接线端子前应涂电力膏。

箱式梁道岔关节安装图如图 5-9-4 所示。

5.9.6　注意事项

① 预弯汇流排的要做得精确到位。

② 在道岔梁处调整时要做好防护工作，以防造成对道岔处的部件损坏。

③ 在钢梁处做好防滑措施，以防人员坠落。

④ 在跟踪悬挂调整的过程中，进入道岔区要和业主单位协调沟通。

⑤ 道岔调试安装工作完毕后，要及时清理包装物、下脚料等杂物。

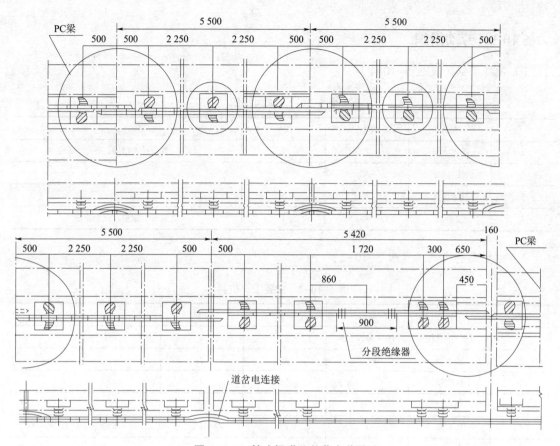

图 5-9-4　箱式梁道岔关节安装图

5.10　安装防护板

防护板是玻璃钢制成的。其作用是保护悬挂不被灰尘、雨水侵害。保护板有绝缘子处保护板、分段绝缘器、道岔可动端及普通端部保护板、两绝缘子间的保护板。图 5-10-1 所示为防护板实物图。

图 5-10-1　防护板实物图

5.10.1　劳动组织

1）人员组织（见表 5–10–1）

表 5–10–1　人员组织

序号	人员	单位	数量	备　注
1	技术人员	人	1	负责技术指导、质量
2	工　长	人	1	
3	技术工人	人	5	
4	安全员	人	1	负责安全瞭望、安全检查

2）主要工、机具（见表 5–10–2）

表 5–10–2　主要工、机具

序号	名称	规格	单位	数量	备　注
1	可调扭矩扳手	10～50 N·m	把	2	
2	呆扳手	18 型	把	2	
3	橡胶锤		把	2	
4	钢卷尺	5 m	2	把	
5	作业车		台	1	带牵引动力
6	发电机				
7	电钻				
8	钢锯				

5.10.2　操作步骤

① 安装绝缘子处防护板安装：安装时先松开绝缘子处汇流排夹板，将其套装在汇流排上，并推至绝缘子内中间位置，最后拧紧汇流排夹板固定螺栓。

② 安装分段绝缘器、道岔可动端及普通端部保护板：在分段绝缘器处安装汇流排后，直接将防护板套装在汇流排上。

③ 安装两绝缘子间的防护板：在以上部位安装完毕后可安装两绝缘子间的防护板。直接将其套装在汇流排上，最后用防护板固定卡子将其卡住。每块防护板上用 2～3 个固定卡子。

5.10.3　注意事项

① 在搬运、安装防护板过程中要轻拿轻放。

② 各种连接件要连接牢固，用扭矩扳手紧固螺栓至规定力矩值。

③ 在车站防护网上安装防护板时，应将作业车侧挡板靠在轨道梁上并且将工具用细绳系好，防止高空坠落。

5.11　调 整 悬 挂

5.11.1　劳动组织

1）人员组织（见表 5-11-1）

表 5-11-1　人员组织

序号	人　员	人数	备　注
1	技术人员	1	负责技术指导、质量
2	工长	1	现场组织及协调施工
3	技术工人	5	
4	安全员	1	负责安全防护、安全检查、安全提醒

2）主要工、机具（见表 5-11-2）

表 5-11-2　主要工、机具

序号	机具名称	规格	单位	数量	备　注
1	作业车		台	1	带牵引动力
2	钢卷尺	5 m	把	2	
3	测量专用仪		套	2	
4	水平尺	1 m	把	1	
5	呆扳手	13 型	把	4	
6	呆扳手	18 型	把	2	
7	呆扳手	30 型	把	2	
8	可调扭矩扳手	10～50 N·m	把	4	
9	可调扭矩扳手	50～100 N·m	把	4	
10	液压整直器		台	1	

5.11.2　调整导线高度及拉出值

1. 调整导线高度

将汇流排压板螺栓拧紧后，利用接触悬挂检测尺测量出每处定位点的导线高度，判断其是否满足设计要求。根据测量结果确定需调整高度的定位点位置及调整量，适当增加或减少绝缘垫的数量。

2. 调整拉出值

利用接触悬挂检测尺测量出每处定位点的实际拉出值，与平面图纸中标注的该定位点设计拉出值相比较，判断其是否在允许偏差范围内。对于拉出值超出允许偏差的，通过更换绝缘子孔位和调整压板位置的方法调整拉出值，使其符合要求，最后还需复核导线相对走行面坡度是否满足设计要求。

图 5-11-1 所示为上述利用接触悬挂检测尺进行悬挂调整的操作图。

图 5-11-1　利用接触悬挂检测尺进行悬挂调整

3. 调整压板间隙及关节等高点

用间隙尺测量汇流排压板与汇流排水平方向、垂直方向的间隙，通过调整压板与绝缘子金具之间的密贴度，达到设计要求。

5.11.3　调整锚段关节

① 根据现场温度复核、调整锚段关节处的悬挂。如关节处非工作支末端距工作支高度差、汇流排端头距绝缘子的距离、关节内等高点位置等内容，若发现不能达到设计要求的，再继续调整。

② 用悬挂调整测量尺配合间隙尺检测关节处工作支与非工作支的高度差，通过调整达到设计要求，使集电器通过关节时能平稳过渡。

③ 检查始触点。用专用测量仪模拟集电器冷滑，检查过渡情况。

5.11.4　调整分段绝缘器

① 分段绝缘器的安装位置应在两绝缘子的对称中心位置，允许误差为±100 mm。螺栓的紧固力矩为 44 N·m。

② 将专用测量仪放置在始触点处，调整绝缘滑板，使绝缘滑板与接触线三点等高。

③ 用专用测量仪、模拟集电器冷滑，检查过渡情况，有无偏磨现象。

5.11.5　注意事项

① 更换绝缘子安装孔位时，要轻拿轻放，防止绝缘子损伤。

② 使用作业车在高架区段进行调整时，应按规定设置好防护。

③ 将作业平台侧防护栏轻靠在轨道梁稳定面上。防止作业时料具落下砸伤行人。

④ 必须用模拟集电器滑行测试，检测关节、绝缘器的过渡情况。

⑤ 各项安装工作完毕后，要及时清理包装物、下脚料等杂物。

5.12　安装车体接地板

5.12.1　劳动组织

1）人员组织（见表 5-12-1）

表 5-12-1　人员组织

序号	人员	单位	数量	备　注
1	技术人员	人	1	负责技术指导、质量
2	工长	人	1	
3	技术工人	人	5	
4	安全员	人	1	负责安全瞭望、安全检查

2）主要工、机具（见表 5-12-2）

表 5-12-2　主要工、机具

序号	名称	规格	单位	数量	备　注
1	可调扭矩扳手	50～100 N·m	把	4	
2	可调扭矩扳手	10～50 N·m	把	4	
3	螺丝刀	一字形	把	2	
4	车体接地板专用量规		把	2	
5	液压钳		台	2	
6	剥线刀		把	2	
7	作业车		台	1	

5.12.2　操作步骤

1. 安装车体接地板托架

根据设计图纸安装车体接地板托架，安装完毕后用接地板专用量规检测其高度，微调，使相邻的车体接地板托架的高低差符合设计要求。同时检测、调整车体接地板托架安装面与轨道梁走行面相平行。图 5-12-1 所示为车体接地板托架实物图。如遇轨道梁凹面处的制造角度（标准为 45°）不规则或车体接地板托架角度存在少量偏差时，可采用小垫块微量调整其角度，使其符合安装要求。

图 5-12-1　车体接地板托架实物图

2. 安装车体接地板和膨胀连接板

安装车体接地板和膨胀连接板时，车体接地板的固定螺栓帽必须低于车体接地板表面。安装好车体接地板及膨胀连接板以后，应检查其限界是否符合设计要求，并做好记录。利用倾斜面高度测量尺检测车体接地板如图 5-12-2 所示。

图 5-12-2　利用倾斜面高度测量尺检测车体接地板

3. 安装车体接地板电连接

在安装车体接地板电连接之前要先预制，然后现场安装。图 5-12-3 所示为接地板电连接实物图。安装时涂敷电力油脂，同时确保螺栓的紧固力矩，安装要美观。

图 5-12-3　接地板电连接实物图

4. 车体接地板接地

车体接地板通过直流电缆与车站综合接地网相连，接地电阻不大于 1 Ω。车体接地电缆端子通过车体接地托架固定螺栓固定在托架上，在轨道梁下地坪或钢格网上固定采用电缆卡子或电缆绑带固定。

5.12.3　注意事项

① 在搬运、安装车体接地板过程中要轻拿轻放，防止其变形。

② 各种连接件要连接牢固，用扭矩扳手紧固螺栓至规定力矩值。

③ 在车站防护网上安装托架和接地板时，应将作业车侧挡板靠在轨道梁上或将工具用细绳系好，特殊地段施工如有必要必须按照要求在地面设置防护，以防料具坠落砸伤行人和车辆。

④ 各项安装工作完毕后，要及时清理包装物、下脚料等杂物。

5.13　安装避雷器

5.13.1　劳动组织

1）人员组织（见表 5-13-1）

表 5-13-1　人员组织

序号	人员	单位	数量	备　注
1	技术人员	人	1	负责技术指导、质量
2	工长	人	1	现场组织及协调施工
3	技术工人	人	6	现场安装作业
4	安全员	人	1	负责安全瞭望、安全检查

2）主要工、机具（见表 5-13-2）

表 5-13-2　主要工、机具

序号	名称	规格	单位	数量	备　注
1	作业车		台	1	带牵引动力
2	铝合金梯		把	1	
3	可调扭矩扳手	10～50 N·m	把	4	
4	可调扭矩扳手	50～100 N·m	把	4	
5	风镐		台	1	
6	锹		把	2	
7	手锤		把	1	
8	钢卷尺	5 m	把	1	
9	电焊机		台	1	

续表

序号	名称	规格	单位	数量	备　注
10	吊车	8 t	台	1	
11	货车	5 t	台	1	
12	电工刀		把	1	
13	液压钳		套	1	
14	钢锯		把	1	

5.13.2　操作步骤

1. 安装箱体

在确认设在桥墩处的预埋件合格后，将避雷器箱体吊装到位。避雷器安装图如图5-13-1所示。

图 5-13-1　避雷器安装图

2. 安装避雷器

避雷器是通过固定抱箍固定在箱体内的固定底座上，安装时应尽量使避雷器接线柱在同一个平面内。连接避雷器接地母排时，应注意接地母排对箱体的绝缘距离应不小于 100 mm。

3. 敷设避雷器电缆

因避雷器电缆一般较短，可采用几个区间集中敷设的方式进行。电缆敷设后应对电缆头用绝缘胶带进行缠绕密封，在墩梁预埋管口应用封堵泥进行封堵。

4. 安装避雷器引线

1）制作电缆终端头

按照电缆接线路径预留好避雷器箱体内的电缆长度，截去多余电缆，根据接线端子压接管的长度，分层剥离电缆端头的保护层和绝缘层。将接线端子压接孔内清除干净且涂电力导电脂，将电缆线芯插入压接孔的根部压接。压接后在压接部位及端子与电缆外绝缘层连接部位用自粘性绝缘胶带缠绕密封。在制作与汇流排连接的端子时，从电缆预埋管出口至电缆端子之间的电缆长度应留出不得小于 50 mm 的伸缩余量，以满足顺线路方向伸长缩的要求。

2）固定箱体内电缆

避雷器箱体内的电缆布置应注意拐弯处电缆的弯曲半径不得小于 6 倍的电缆直径，用电缆卡子固定时，应在电缆卡子与电缆之间增加橡胶垫以防止损坏电缆。箱体内接线示意图如图 5-13-2 所示。

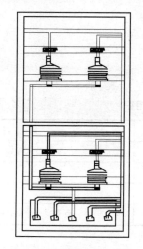 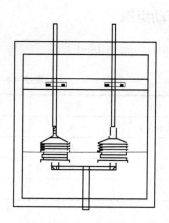

（a）四台避雷器箱体内接线　　　　　（b）两台避雷器箱体内接线

图 5-13-2　箱体内接线示意图

3）制作接地电缆

接地电缆是从避雷器箱内接地母排引入接地极的 1 500 V 直流电缆。接地电缆下端子焊接在预埋好的接地极上，从电缆连接箱引入接地极的接地电缆应通过 ϕ63 的 PVC 管引入地下焊接好接地电阻（阻值应小于 10 Ω）。利用压接钳压接接地电缆的上端子，如图 5-13-3 所示。

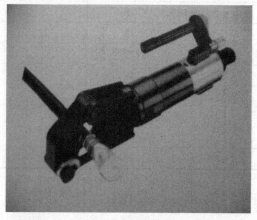

图 5-13-3　利用压接钳压接接地电缆的上端子

5.13.3 注意事项

① 吊装避雷器箱体时，应检查起吊绳索有无损伤。使用梯子作业时，应派人扶好梯子，并采取防滑措施。

② 安装避雷器时，应在作业面的下方设置防护，零部件应用小绳传递，严禁抛掷。

③ 安装工作完毕后，要及时清理包装物、下脚料等杂物。

5.14 安装隔离开关

5.14.1 劳动组织

1）人员组织（见表 5-14-1）

表 5-14-1 人员组织

序号	人员	单位	数量	备　注
1	技术人员	人	1	负责技术指导、质量
2	工长	人	1	
3	技术工人	人	6	
4	安全员	人	1	负责安全瞭望、安全检查

2）主要工、机具（见表 5-14-2）

表 5-14-2 主要工、机具

序号	名称	规格	单位	数量	备　注
1	千斤顶	机械式	个	4	1.5 t
2	滚轮		个	4	
3	圆钢	$\phi 25\ L=2\ \text{m}$	根	2	
4	撬棍	$L=1\ 500\ \text{mm}$	根	2	带滚轮
5	撬棍	$L=1\ 500\ \text{mm}$	根	2	偏头
6	撬棍	$L=500\ \text{mm}$	根	2	偏头
7	套筒扳手	组合式	套	1	
9	冲击电钻		台	2	
10	手锤		把	1	
11	墨斗		个	1	
12	水平尺	$L=800\ \text{mm}$	把	1	

5.14.2 操作步骤

1. 开箱检查

（1）开关柜外观应无损伤及变形，油漆无脱落现象，柜门开闭应灵活可靠，柜内电器装置及元件应无脱落、锈蚀、损伤、裂纹等缺陷。

（2）附件、备件及技术文件应齐全。

2. 安装隔离开关

（1）按照施工图纸中开关柜的排列顺序，依次将开关柜组（或单柜）搬放到安装位置，拆除包装物。

（2）参照已安装的基础型钢，采取尺、绳测量方法，将开关柜的位置布放合适。

（3）将开关柜逐组（个）抬起 1～2 cm，并在柜子四周垫上小木块，然后将绝缘板拼装好。

（4）取出小木块，用绝缘螺栓将柜体与基础槽钢连接好，暂不拧紧。

（5）将开关柜进行细致调整，使其水平、垂直度均达到标准要求，柜间接缝密贴。

（6）安装后整个隔离开关操动应灵活、开合到位。开关刀口涂导电油脂，传动机构涂润滑油。

3. 隔离开关引线及柜体接地

（1）安装引线：按设计图纸、产品使用说明书以及有关标准接线。接线后应对各回路校线检查，引入盘柜的电缆接线应排列整齐美观，电缆芯线应标明回路编号，编号的字迹要清楚。

（2）柜体接地：隔离开关柜外壳通过接地电缆与变电所接地母排相连。

（3）临时接地：在接触网侧的引线母排上临时接地，防止变电所的误操作发生触电事故。

5.14.3　注意事项

① 拆除开关柜包装时，必须采取相应的安全措施，防止梯子倾倒或包装板砸伤人或设备。

② 在拆卸开关柜包装物和移动过程中，工作人员要注意力集中，听从统一指挥，选择合适的受力点，避免其受到强烈振动或造成局部变形。

③ 在安装过程中，避免因使用千斤顶或撬棍而划伤柜体表面。

④ 调试开关完毕后，所有隔离开关均应处于分闸位置，所有操动机构加锁。挂上"注意成品保护"的警示牌。

⑤ 安装工作完毕后，要及时清理包装物、下脚料等杂物。

5.15　高空作业的安全措施

5.15.1　轨道梁作业车作业

（1）轨道梁作业是多专业同时在一个作业面上施工，轨道车行驶速度不得超过 10 km/h，在各车站区域不超过 5 km/h。

（2）轨道车在行驶过程中要有专人引道。引道人员须经过行车安全知识培训，考核合格后方可上岗。

（3）作业台升降时，严禁移动作业车。

（4）车上摆放物品整齐、稳固，不可超高、超限界，防止设备、材料等物品发生坠落，伤及地面上的行人。

（5）作业车展放侧面作业台时，作业面上不得有人及杂物。

（6）作业台展放完毕后对其强度进行外观检查，并做登踩试验后方进入作业面，进入作业面后在作业面交汇处铺好防护板，确认不会发生细小物品掉出后方可作业。

（7）因作业面内空间狭小，施工作业人员作业时需谨慎小心，尽量避免工具、材料移动时碰伤他人。

（8）轨道梁上作业时，指挥信号必须明确，作业人员与作业车司机配合必须默契。

（9）作业时，材料及工具不得侵入邻线的车辆限界。

（10）有人上下时严禁升降作业台。

（11）在行人可能穿过行走的轨道梁上作业时，应在作业区的地面区域设置警界防护隔离带。图 5-15-1 所示为作业防护示意图。

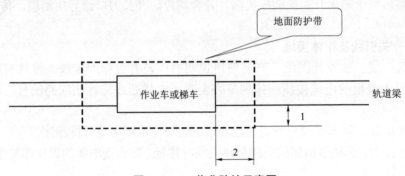

图 5-15-1　作业防护示意图

5.15.2　一般安全措施

① 严禁在轨道梁面上行走。需要在轨道梁上短时间作业时，应系安全带（安全带系在作业车适当部位或轨道梁上的永久性建筑上）。

② 严禁患有高血压、心脏病、癫痫病及不适合高空作业人员进入高空作业面。

③ 安全帽、安全带及个人工具等随身携带的物品必须牢固可靠地系在身上，不易掉落。

④ 所用的料具、设备等，必须根据施工需要随用随运，禁止超负荷，其临边危险处禁止操作。

⑤ 需两人共同操作时，应配合无误默契，防止物件脱落或人体重心失控而造成人员坠落。

⑥ 禁止垂直作业，地面上不应有行人，上下传递料具不可抛掷，使用的工具应随手放入工具包（套）内。

⑦ 要文明作业。各项安装或调试工作完毕后，及时清理包装物、下脚料等杂物。

本 章 小 结

（1）跨座式单轨接触网主要组成部分有支撑绝缘子、T形汇流排、汇流排线夹和接触线。电压等级为直流 1 500 V。

（2）接触网的布置原则：

① 接触网安装在轨道梁的两侧，一侧为正极，另一侧为负极；

② 接触网支撑点跨距值一般为 2.0～3.0 m；

③ 拉出值一般为 ±60 mm 范围内；

④ 接触网锚段长度为 70～150 m，并在其中间部位设置中心锚结；

⑤ 为满足供电要求及检修、维护的方便设置供电分段、电连接和隔离开关；

⑥ 为保证旅客及工作人员、设备的安全，接触网设备及车体都要接地。

（3）介绍了跨座式单轨接触网施工的特点。

（4）轨道梁外形尺寸的检测：

① 上、下两个预埋管的间距为 320±1.5 mm；

② 上预埋管距轨道走行面的距离为 525±5 mm；

③ 预埋管与轨道梁侧面的垂直度误差为 ≤±3°；

④ 两相邻绝缘子预埋管的间距；

⑤ 车体接地板的预埋管距轨道梁凹面角处的距离。

（5）预制汇流排时应遵循六条原则。

（6）调整锚段关节技术要求：

① 锚段关节长度为 4 750 mm；

② 两支撑点间距为 2 750 mm；

③ 角型汇流排端头距支撑点的长度为 1 000 mm；

④ 角型汇流排的总长度为 2 600 mm；

⑤ 关节中两支接触悬挂之间的距离为 50 mm；

⑥ 正确查找关节间隙安装曲线；

⑦ 螺栓紧固要符合力矩标准；

⑧ 电连接端子与汇流排之间的连接采用焊接方式，该焊接应在安装汇流排之前进行；

⑨ 电连接与接线端子压接前应涂电力膏。

（7）焊接汇流排工艺有焊接准备、工装固定、焊接、冷却、拆除工装、处理焊接头、检验焊接头等工序。检验汇流排弯曲度的方法有直线区段和曲线区段两种。

（8）架设接触线的步骤：架线前的准备、检查线盘、线盘吊装、起锚、架线、落锚及安装接触线夹板。

（9）介绍了道岔区出现硬点、鼓包时的处理方法。

（10）安装道岔设备的技术要求：

① 根据要求绝缘子金具在不同的道岔轨道梁上有正、反安装，其绝缘子的位置要与图纸相符；

② 闭口端的三节轨道梁上两侧的汇流排长度分别为 5 500 mm+366 mm×2，角型汇流排在两端头闭口端的长度为 600 mm，搭接长度为 550 mm；

③ 开口端一节轨道梁上两侧汇流排的长度为 5 420 mm+366 mm，角型汇流排的长度闭口端为 600 mm，开口端为 450 mm，安装时角型汇流排与轨道梁大截面对齐，搭接长度为 400 mm（每节道岔上的汇流排比轨道梁的长度两端都长出 366 mm）；

④ 安装接触线时外露汇流排端头不超过 5 mm；

⑤ 接触线的拉出值要与图纸相符；

⑥ 两支平行接触线衔接段的中心间距为 55 mm；

⑦ 电连接端子与汇流排之间的连接采用焊接方式，该焊接应在安装汇流排之前进行；

⑧ 电连接与接线端子压接前应涂电力膏。

（11）悬挂调整的内容：调整导线高度及拉出值；调整压板间隙及锚段关节、调整分段绝缘器。

（12）安装避雷器步骤：安装箱体及避雷器、敷设避雷器电缆、制作避雷器引线。

（13）高空作业一般安全措施。

思 考 题

（1）跨座式单轨接触网的组成有哪些？

（2）接触网的布置原则是什么？

（3）叙述跨座式单轨接触网施工的特点。熟记接触网图例，识读平面图。

（4）测量轨道梁的内容有哪些？

（5）安装汇流排有哪些步骤？

（6）安装锚段关节处汇流排的技术要求有哪些？如何查看锚段关节伸缩间隙表？

（7）焊接汇流排的步骤有哪些？检验汇流排弯曲度的方法有哪些？

（8）叙述架设接触线的步骤。架设接触线的技术要求有哪些？

（9）道岔区出现硬点、鼓包时的处理方法有哪些？

（10）叙述悬挂调整的内容。

（11）保护板的作用是什么？

（12）简述安装避雷器的步骤及接地电缆连接的制作方法。

（13）简述安装隔离开关的操作过程。

（14）简述高空作业的安全措施。

第6章 冷滑试验与送电开通

☞ 学习目标
（1）理解冷滑试验检测的目的。
（2）知道冷滑检测应具备的条件；知道检测的内容和方法。
（3）知道冷滑检测安全注意事项。
（4）知道送电开通应达到的条件、安全措施及注意事项。
（5）掌握热滑行试验三次规定的速度。
（6）理解短路试验的要求和安全措施。

6.1 冷滑试验检测

冷滑试验检测就是在接触网不送电的情况下，使用电客车（或冷滑检测车）在其他机车的牵引下进行受电弓与接触线接触滑行的试验。其目的是检查接触线与受电弓的接触状态，以便发现问题、解决问题，保证接触线的受流状态以及带电体与接地体达到设计要求。

6.1.1 冷滑试验应具备的条件

（1）接触网施工完毕并已进行检查，记录完整，质量符合标准。

（2）各临时设施已拆除，线路动态包络线检测已完成，解决了所有的侵限问题，线路达到正常行车的条件。

（3）测试时所用仪器工具以及检测装置已备好。

对于不同的接触网悬挂形式，其检测内容与方法也会有所不同，下面分别介绍。

6.1.2 柔性悬挂接触网的冷滑检测

1. 检测内容

（1）拉出值：检测接触线的拉出值是否符合设计要求。

（2）接触线高度：检测接触线高度是否符合设计要求。

（3）定位器的坡度是否符合设计要求。

（4）接触线上各种线夹处是否有硬点。

（5）检测锚段关节、道岔及分段绝缘器处过渡是否平稳。

（6）受电弓距接地体间的绝缘距离是否符合设计要求。

2. 冷滑检测方法

（1）低速冷滑：检测车行驶速度为 5～15 km/h。检查每一处悬挂点、电连接、锚段关节、线岔、分段绝缘器、开关引线连接、金具接地等所有部件，检查每处安装状态、绝缘距离、接触线高度、拉出值等有无达标现象，发现问题后及时处理。

（2）中速冷滑：检测车行驶速度为 20～30 km/h。主要检查拉出值、硬点；锚段关节、线岔、分段绝缘器过渡状态，有无达标现象，发现问题后及时处理。

（3）高速冷滑：检测车行驶速度为 80 km/h 或正常速度。受电弓最大抬升力为 180 N，检测高速冷滑弓网运行状态，受电弓冷滑应平稳顺畅，导线接触良好，检查出的问题及时处理。冷滑检测图如图 6-1-1 所示。

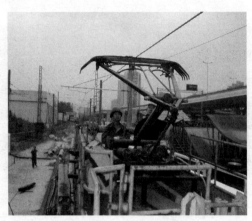

图 6-1-1　冷滑检测图

3. 检验标准

（1）接触线面角度正确，无脱弓现象。定位器的坡度达到设计要求。

（2）锚段关节、道岔、分段绝缘器、中心锚结线夹、电连接线夹、刚柔过渡段等部件安装处无碰弓、刮弓现象，无明显的硬点。

（3）受电弓在最大运行速度情况下，距接地体瞬时距离不应小于 100 mm。

6.1.3　刚性悬挂接触网的冷滑检测

1. 制作限界检测车

限界检测车在设计和制造时充分考虑到各种形式的隧道断面、各种设备允许最大限界。限界检测车可调节限界尺寸的功能而适用于矩形、圆形等多种隧道断面，包括沿线各站、隧道及地面区间段。限界检测车主体框架稳定可靠，整个框架在平板车上的固定要牢固可靠，基准中心线与轨道中心线重合。检测栏杆可伸缩并可拆卸。检测车上配备有足够的照明设施和报警装置，便于检测人员及时掌握侵限情况。限界检测车示意图如图 6-1-2 所示。

图 6-1-2　限界检测车示意图

2. 限界检查组织

限界检查由业主组织，沿线各系统、各车站承包商参加。限界检测车在限界检测前编组，检测车正常为逆向行驶，但不受正反行驶的限制，限界检测车由轨道车牵引，车速按 5 km/h 低速运行。

1）人员组织（见表 6-1-1）

表 6-1-1　人员组织

序号	施工人员	单位	数量	备　注
1	指挥人员	人	1	行车组织指挥、检测负责人
2	技术人员	人	1	负责技术指导
3	测量员	人	2	观察、测量
4	记录员	人	1	超限记录
5	操作员	人	2	负责操作限界车
6	安全员	人	2	负责安全瞭望、安全检查、安全提醒
7	司　机	人	1	

2）主要工、机具（见表 6-1-2）

表 6-1-2　主要工、机具

序号	名称	规格	单位	数量	备　注
1	轨道车		辆	1	
2	限界检测车		辆	1	专用于地铁限界检测
3	平板车		辆	1	
4	测量尺		套	1	超限值复测
5	扳手		套	1	备用
6	钢卷尺	10 m，5 m	各一把	1	

3. 限界检查范围

检测范围为电动客车需驶入的所有线路，沿线所安装的各种设备、车站站台及所有建筑物是否侵限进行检测，并报告侵限物的超限值。

地铁限界检查的情况，主要是沿线电缆支架、车站站台板、隧道内设备、沿线临时线缆、接触网吊柱等。而刚性悬挂接触网因其结构特点，基本不会侵入设备限界，重点注意隧道侧壁上安装的隔离开关等设备底座是否侵限。

4. 限界测量

限界测量是在进行检测的区段，将可调式限界检测装置安装于限界检测车上，由轨道车（或作业车）牵引，匀速前进，进行限界检测。

（1）限界检查分检查、复检、运营前复检三次进行。第一次检查在接触网冷滑试验前进行，检查车组以 5 km/h 的速度低速行驶。遇侵限物，检测车发出报警信号和侵限部位指示，停车对侵限处进行复测，记录侵限物名称、位置、侵限值。全线检测完毕，将侵限记录汇总报业主代表及监理工程师，发侵限整改单至相关单位并限期整改。

（2）第一次限界检查所有侵限问题整改完毕后，进行第二次复核检查。运营前复检在热滑前进行，第三次限界复查，不允许有任何侵限情况。

5. 检测条件

（1）检查与变电所相连接的隔离开关都必须在断开位置并已加锁，在隔离开关接触网侧，连接有明显标记的临时接地线，并且可靠接地。

（2）冷滑试验前，确认将要开通的线路上各种障碍均已拆除，满足受电弓安全运行的要求。

（3）已张贴接触网冷滑通知。

6. 检测内容

（1）检测导线高度、拉出值。

（2）检测导线高度变化是否平稳，有无突变或跳动。

（3）导线的接触面顺直，是否存在硬点、硬弯。

（4）两导线接触面应与受电弓保持平行，不应出现偏磨现象。

（5）受电弓通过线岔、关节、分段绝缘器时往返转换是否平滑接触，有无脱弓或刮弓的危险。

（6）电连接最低点与受电弓的垂直距离是否符合规定。

（7）受电弓至接地体的距离是否符合规定。

（8）检查从隔离开关到接触网的电缆连接是否正确，牢固。

（9）检查电连接线夹有无偏斜、刮弓现象。

（10）检查有无其他设备或物体侵入接触网限界。

7. 检测步骤

（1）第一阶段：检测车行驶速度为 5 km/h，检查每一处悬挂点、电连接、过渡关节、线岔、分段绝缘器、开关及引线连接、金具接地等所有部件，检查每处安装状态、绝缘距离、限界、过渡状态、接触线高度、拉出值等。

（2）第二阶段：检测车行驶速度为 20 km/h，在第一次冷滑检查缺陷全部克服后进行，主要检查拉出值、硬点、关节过渡、线岔过渡、分段绝缘器过渡状态。

（3）第三阶段：检测车行驶速度为 60 km/h 或正常速度，在前两次检查问题全部克服后进行，检测高速冷滑弓网运行状态，受电弓冷滑应平滑顺畅，导线接触良好。

6.1.4　接触轨冷滑检测

（1）接触轨冷滑试验一般也分三次进行，第一次运行速度为 5～10 km/h；第二次运行速度为 30～50 km/h，车辆段为 20～30 km/h；第三次运行速度为 60 km/h。

（2）冷滑试验接触轨时的内容：

① 集电靴在接触轨上滑行应平顺；

② 集电靴在端部弯头处切入或脱离时应顺滑、位置正确；

③ 防护罩等设备不得侵入限界；

④ 沿线设备及线缆安装牢固，不得侵入限界。

6.1.5　跨座式接触网冷滑检测

冷滑检测采用接触网自动化检测技术，实现冷滑、检查和数据收集一体化的冷滑检查传感软件。单轨冷滑检查示意图如图 6-1-3 所示。

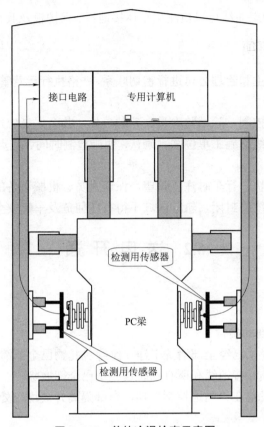

图 6-1-3　单轨冷滑检查示意图

1. 冷滑检查分三次进行

（1）第一次冷滑检查分两部分进行，地面设备检查和线路设备检查，冷滑速度为 5 km/h。

① 地面设备检查的主要内容有：隔离开关、避雷器及接地等所有部件。

② 线路设备检查的主要内容有：定位悬挂点、电连接、伸缩接头、道岔，分段绝缘器、保护板及车体接地板等所有部件，检查其安装状态、绝缘距离（不小于 96 mm）、限界、过渡状况、接触线高度、拉出值等。

（2）第二次冷滑时间是在第一次冷滑检查发现的缺陷全部克服之后，主要检查拉出值、伸缩接头、道岔及分段绝缘器等处的过渡状态。冷滑速度为 10 km/h。

（3）第三次冷滑时间是在所有缺陷全部克服之后，集电器应平稳顺畅，接触良好。冷滑速度为 20 km/h。

2. 冷滑检查记录

冷滑传感器检测到的模拟信号转换为数字信号，输入计算机进行分析处理后，将信息集中反映到三条曲线上，即拉出值动态曲线、接触线高度动态曲线及集电器包络线动态曲线。这三条曲线横坐标相同，即同步记录，存储在计算机的硬盘中。同时在计算机的屏幕上显示，并配有打印机，可随时打印检查结果。

（1）拉出值动态曲线可以检测出接触线的拉出值是否符合设计要求；

（2）接触线高度动态曲线可以检测出接触线高度、硬点，并可以检测出关节、道岔及分段绝缘器处过渡是否平稳；

（3）集电器包络线动态曲线可以检测出车体接地板、保护板及其他接触网零件是否侵限。

6.1.6　安全注意事项

① 在检测前要与业主和管理公司进行密切联系，严格执行运营管理公司的线路施工规定和工作票制度。

② 检测过程要严格控制，除试验人员、驾驶员外，其余人员应远离试验区域。

③ 提前与其他占用线路施工单位联系确认，明确检测时间、地点，通知其他单位撤离检测现场。

④ 行车速度不宜过快，行车时注意瞭望，保证人员、机械设备的安全。

⑤ 高速冷滑时要求线路封闭，轨行区域不得有任何危及车辆安全的障碍。

6.2　送 电 开 通

6.2.1　绝缘测试

1. 绝缘测试前应达到的条件

（1）隔离开关和绝缘子已经全部清洗干净，绝缘包扎物已全部清理。

（2）接触网上所有临时接地线和所有临时设施均已全部撤除。

（3）电动隔离开关设置在"当地控制"挡，全部隔离开关均应处于"断开"位置，并已全部上锁。

（4）与牵引所相连的各隔离开关，在电源侧应挂有明显标记的临时接地线，且连接可靠。

（5）施工人员已全部撤离接触网区段。

（6）已巡视线路完毕，且无故障。

（7）若相邻供电区段已运行，必须停电。

2. 绝缘测试地点

（1）各独立供电区段。

（2）所有的分段绝缘器处。

（3）绝缘锚段关节处。

3. 绝缘测试方法

（1）确认接触网无电后，在接触悬挂与地线（或走行轨）间串接 2 500 V 兆欧表进行测试。以 120 r/min 匀速摇动兆欧表并持续 1 分钟再读数。

（2）在理想干燥条件下，其绝缘电阻值应大于 2.5 MΩ/km；对困难、潮湿区段或供电臂较长地段进行绝缘测试，最小绝缘电阻值应不小于 1.5 MΩ/km。

（3）对测试不合格的区段，应立即分析检查，采用分段排除法，找出故障点，排除故障，重新测试。

6.2.2　送电开通

1. 送电开通前应达到的条件

（1）冷滑检查时发现影响送电的接触网各项缺点已克服完毕。

（2）沿线侵入供电限界有关障碍物已全部排除。

（3）所有临时保护接地线已全部拆除。

（4）各种标志牌、警示标均已安装齐全。

（5）经由接触网上方人行天桥上防护栅栏（或防护网）已安装完毕，并符合规定。

（6）已经张贴送电通知、安民告示，各施工单位已经收到送电通知；各站进入通道已由车站承包商封锁。

（7）隔离开关刀闸位置正确。

（8）轨回流电缆经检查确认已接通并接触良好。

（9）绝缘测试结果已通过送电小组确认，符合送电要求。

（10）已批准送电开通方案，已成立送电开通组织，人员已到位，设施完好。

2. 送电开通

（1）送电前检查无误后，报告送电小组，由送电小组执行送电方案，向接触网送电。

（2）接触网送电后，在每个供电臂的末端采用验电器验电，当验电器的指示灯或警笛发出指示后证明该区段已送电成功。

3. 安全注意事项

（1）严格按《施工技术安全规则》及"送电开通方案"所规定的计划、要求进行各项工作。送电时间、地点、步骤不得任意变更，如若变更，应提出书面报告，经上级批准后，以文件或命令的形式下达。

（2）各级送电组织应认真检查所管区段的送电准备工作，及时解决尚未准备完善的事宜，并及时向上级报告。

（3）统一指挥，严明纪律，按各级指挥系统层层负责。

（4）从第一次接触网送电开始，即认为接触网及相连设备已经带电，此后所有接触网作业均应按停电作业办理停电作业票。禁止无票上杆、上车或接近带电体作业。各种作业车辆的登梯及经常攀登部位均应悬挂"禁止攀登　高压危险"的标志。

（5）以电话传送的签证命令，应复诵核对。同时应在电力调度室连接录音设备，对所有签证命令进行录音，以备核查。

（6）送电开通期间执行各种操作命令时，如开关操作、绝缘测试、验电、挂拆地线等，均需两人协同执行，一人监护，一人操作。操作时需持操作命令票，操作前必须复诵，并确认设备状态后再操作。

（7）遇有雷电时，暂停送电操作。

（8）送电开通期间，应组织工地医疗救护组，保证及时救护工作。

6.2.3　热滑行试验

热滑行试验即在带电情况下，采用地铁运营列车（不载客）进行滑行试验。接触网空载运行 1 h 无异常，可进行电动车组负载试验，并运行 24 h 合格后方可试运行。

（1）热滑行时在受电弓下方安装摄像及录像设备，监视全线受电弓的运行状态，特别是过渡关节、分段、线岔、刚柔过渡、伸缩单元等处的运行状态。

（2）热滑行试验需进行三次：刚性悬挂接触网第一次运行速度为 15 km/h，第二次试验车运行速度为 35 km/h，第三次为列车正常运行速度；跨座式单轨接触网第一次运行速度为 30 km/h，第二次为 60 km/h，第三次为 80 km/h。对发生火花的位置做好记录，热滑行后进行检查处理。

（3）送电开通主控项目质量要求如下。

① 开通区段接触网绝缘应良好，绝缘电阻试验应按供电分段进行，绝缘电阻值宜大于 1.5 MΩ/km。接触网送电后，各供电臂始、终端应确保有电。

② 试验车以正常运行速度往返运行接触网及设备，应无放电、火花和局部过热现象。检验方法：用 2 500 V 或 1 000 V 兆欧表测试；用验电器检验；试验车运行观察。

③ 送电试运行 24 h 后，经检验一切设备状态良好后交付运营管理部门。

6.2.4　短路试验

接触网系统需配合变电所进行直流短路试验。短路试验也是故障试验，通过短路试验可检验接触网及变电所设备的耐热性能、稳定性能，检验自动保护设备的动作性能及功能，也可对系统保护装置进行调试或修正设定值提供依据。

1. 短路试验需准备的材料及要求

（1）配置截面积不小于短路试验规定值的接地线。

（2）配置临时短路用汇流排接地线夹，在与汇流排的接触面上均匀涂抹导电油脂。

（3）接地线夹与汇流排的接触面积不小于短路试验规定值，接触稳固，导通良好。

2. 挂接接地线时要严格遵守以下规定

（1）一定要按照先验电后接地的原则执行。

（2）挂接接地线时，先接好负极侧，后接正极侧。

（3）拆除时，先拆正极侧，后拆负极侧。

3. 安全措施

（1）试验前 2 小时，所有施工单位都不准上轨道梁（或铁路线）上作业。

（2）接触网线路作业、牵引变电所作业应严格执行工作票制度。按规程做好安全措施。

（3）短路点 20 m 内不允许任何人在试验过程中进入此区域，并设置防护标志。

（4）试验过程中，除试验组人员外，其余人员应远离试验区域。参加试验操作人员不宜多于 5 人。

（5）牵引变电所内做好人员防护工作，严禁无关人员进入带电区域。

（6）进入短路试验区域的人员必须戴安全帽，佩戴工作标识，试验人员使用个人绝缘装具和验电装置。

4. 试验仪器设备

试验仪器、设备清单见表 6-2-1。

表 6-2-1　试验仪器、设备清单

序号	项　　目	数量	备　　注
1	指挥车及抢险车辆	4 台	
2	作业车	2 台	

续表

序号	项　目	数量	备　注
3	接触网短接连线及线夹	2 套	
4	多功能继保仪	1 台	
5	DL750P 高速记录仪	1 台	
6	多通道示波器	1 台	
7	回路电阻测试仪	1 台	
8	兆欧表	2 块	变电所、接触网各 1 块
9	万用表	2 块	
10	电工工具	2	若干套（含电池盒、万用表等）
11	力矩扳手	4 把	
12	无线对讲机	4 对	
13	直流验电器	2 根	测量直流 1 500 V；经检验合格
14	安全防护用品、绝缘靴、绝缘手套等	3 套	根据防护安全需要，种类要齐全，且所有绝缘安全用具要经检验合格
15	应急照明设备	3 套	
16	灭火器	8 只	除各变电所正常配置外试验变电所、接触网各 4 只
17	安全防护标志	2 套	现场设置
18	办公桌	1 张	所内放置测试仪器
19	交流电源插座	2 个	示波器及笔记本电源
20	数码相机	2 台	变电所、接触网各 1 台
21	数码摄像机	2 台	变电所、接触网各 1 台

5. 短路试验结束后的检查清理

每次短路试验结束后，系统调试组和供电线路系统组应分别对试验开关和短路点进行检查清理，必要时应进行相关试验，确认没问题后方可进行下次试验。

全部试验结束后由供电线路系统组、供电设备系统组对所有试验区段和设备进行一次检查，确认无悬挂物、无异常情况后填写试验记录表，系统调试组恢复所有相关接线和保护设定值。

牵引降压混合所值班员对试验完成后各开关、刀闸位置进行确认，并向临时电调汇报。

本 章 小 结

（1）冷滑行试验是在接触网不送电的情况下，使用电客车在其他机车的牵引下进行，升起受电弓与接触线接触滑行的试验。

（2）冷滑检测的目的是检查接触网与受电弓的接触情况，以便发现问题及时解决，保证接触网的受流质量，使送电开通得以顺利进行。

（3）冷滑行试验检测应具备的条件。

（4）冷滑行试验检测内容：

① 柔性悬挂接触网检测拉出值、接触线高度、定位器的坡度；各种线夹处是否有硬点；

锚段关节、道岔及分段绝缘器处过渡是否平稳；受电弓距接地体间的绝缘距离。

② 刚性悬挂接触网检测导线高度、拉出值、导线的接触面是否存在硬点，接触面应与受电弓保持平行；受电弓通过线岔、关节、分段绝缘器时双向是否平滑接触过渡；受电弓至接地体的距离。

③ 接触轨式接触网检测集电靴在接触轨上滑行应平顺、在端部弯头处切入或脱离时应顺滑、位置正确；防护罩等设备不得侵入限界；沿线设备及线缆安装牢固，不得侵入限界。

④ 检测跨座式单轨接触网的安装状态、绝缘距离（不小于 96 mm）、限界、过渡状况、接触线高度、拉出值等。

（5）热滑行试验是在接触网送电的情况下，使用电客车在其他机车的牵引下进行，升起受电弓与接触线接触滑行的试验。

（6）送电开通应具备的条件：

① 冷滑检查时发现影响送电的接触网各项缺点已克服完毕；

② 已全部排除沿线侵入供电限界有关障碍物；

③ 已全部拆除所有临时保护接地线；

④ 各种标志牌、警示标均已安装齐全；

⑤ 经由接触网上方人行天桥上防护栅栏（或防护网）已安装完毕，并符合规定；

⑥ 已经张贴送电通知、安民告示，各施工单位已经收到送电通知，各站进入通道已由车站承包商封锁；

⑦ 隔离开关刀闸位置正确；

⑧ 轨回流电缆经检查确认已接通并接触良好；

⑨ 绝缘测试结果已通过送电小组确认，符合送电要求；

⑩ 已批准送电开通方案，已成立送电开通组织，人员已到位，设施完好。

（7）送电开通主控项目质量检验标准。

（8）挂接接地线的规定：

① 一定要按照先验电后接地的原则执行；

② 挂接接地线时，先接好负极侧，后接正极侧；

③ 拆除时，先拆正极侧，后拆负极侧。

（9） 短路试验的安全措施。

思 考 题

（1）何为冷滑试验？冷滑试验检测应具备哪些条件？

（2）冷滑试验需进行三次，每次的速度是如何规定的？冷滑试验需要检测哪些内容？

（3）冷滑试验的注意事项有哪些？

（4）送电开通应达到什么条件？

（5）送电开通的安全措施及注意事项有哪些？

（6）何为热滑行试验？三次热滑行的速度是如何规定的？

（7）接触网送电开通主控项目质量要求有哪些？

（8）挂接接地线有哪些规定？